나남
nanam

나남신서 2010

퇴계의
길을
따라

2019년 7월 12일 발행
2019년 8월 15일 2쇄

지은이   김병일
발행자   趙相浩
발행처   (주)나남

주소   10881 경기도 파주시 회동길 193
전화   031-955-4601(代)
팩스   031-955-4555
등록   제1-71호(1979.5.12)
홈페이지 www.nanam.net
전자우편 post@nanam.net

ISBN   978-89-300-4010-5
         978-89-300-8655-4(세트)

나남신서 2010

퇴계의
길을
따라

김병일 지음

나남
nanam

퇴계의 길을 권하며

고인도 나 못 보고 나도 고인 못 뵈

고인을 못 뵈도 예던길 앞에 있네

예던길 앞에 있거든 아니 예고 어쩌리

이 시조는 퇴계 선생의 우리말 연시조 〈도산십이곡陶山十二曲〉 중의 9번째 곡이다. 〈도산십이곡〉 전체의 주제는 자연에 사는 즐거움과 학문을 하는 기쁨이라 할 수 있다. 그 가운데 이 부분에서 퇴계 선생은 고인, 즉 옛 성현은 돌아가셔서 비록 뵐 수 없으나 학문과 덕행에 힘쓰던 그들이 이루어 놓은 그 길은 공부하면 알 수 있으니 반드시 그 길을 따르리라고 노래하고 있다. 이는 퇴계 자신의 온고지신溫故知新의 다짐이자 다른 사람들에게 그 길을 적극 권장하는 의미이기도 하다.

이 시조를 처음 접한 것은 11년 전(2008년) 필자가 퇴계의 고향 안동 도산에서 도산서원 선비문화수련원 일로 머물게 되고 얼마 지나지 않아서였다. 처음에는 퇴계가 성현의 말씀이 담긴 경전 공부를 하면서 당연히 그런 다짐을 하게 되었고 그래서 타인에게도 권유하려 하였다고 단순하게 생각하였다. 그러나 세월이 지날수록 가족 친지와 떨어져 객지에 머무는 필자가 모름지기 가야 할 길을 이 시조가 또렷하게 일러주는 듯 느껴지는 것이 아닌가.

왜 이런 생각을 하게 되었을까. 조선 시대 학식이 높고 근엄한 대유학자로만 알고 있었던 선생이 평생 자신을 낮추고 특히 자신보다 지위나 신분이 훨씬 낮은 사람을 아끼고 배려하며 사셨다는 이야기를 주위로부터 듣게 되면서 놀랍고 존경스러운 마음이 솟아나기 시작했다. 비록 500년 가까운 시차가 있고 때가 늦은 나이지만 필자도 이렇게 살아갈 수 있다면 참으로 좋겠다는 생각이 자연스레 들었다. 이후 퇴계의 향기 나는 삶에 관한 이야기를 계속 듣게 되고 그분이 걷던 옛길을 매일 걸으며 이 시조까지 읊게 되니 그런 생각이 점점 더 굳어졌다. 그래서 틈만 나면 그 길을 가려고 하다 보니 이곳에 11년 넘게 머물고 있다.

그런데 그 길을 혼자만 가서 되겠는가 싶어 타인에게도 알려주고자 나서게 되었다. 선비문화수련원에 들어오는 수련생과 도산서원을 찾는 방문객에게 그 현장에서 이야기를 들려주고 있다. 또 찾아오기 어려운 이들을 위해 기회가 주어지는 대로 외부강연, 방송, 칼럼 등 글을 통해 그 길을 권유하기도 한다.

최근에는 좀더 오랫동안 많은 분들의 눈과 귀와 발을 그 길로 이끌기 위해 450년 전 퇴계 선생이 벼슬에서 물러나 고향으로 갔던 마지막 귀향길 재현 행사를 개최하였다. 그 당시 선생의 일정과 코스에 맞추어 12박 13일간 800리 길을 걸으며 강연과 시낭송회 등을 곁들였다. 의외로 많은 분들이 퇴계가 물러나며 추구한 그 길에 관심을 가지고 참여하였다. 70대 중반의 필자가 이 행사를 발의하고 재현단장을 맡아 직접 걷게 된 것도 그 뜻은 한가지다. 퇴계가 그때 가려했던 그 길은 세월이 많이 흘렀지만 오늘날 우리가 마땅히 가야할 길이란 확신에서다. 그리고 그 길은 나라의 은혜를 크게 입은 필자가 응당 앞장서 가야 할 길이 아닌가.

이 책도 이러한 취지에서 내놓는다. 그 어느 때보다도 풍요 속에 살면서도 반목과 갈등이 날로 심해지는 이 시대에 퇴계를 비롯한 참선비들이 남겨준 선비정신이 절실하다. 그래서 7년 전 퇴계 선생이 남겨놓은 아름다운 일화들을 소개하기 위해 《퇴계처럼》을 냈다. 4년 전에는 도산에서 여러 해 지내면서 체험하고 깨달은 선비정신을 현대인들이 깨닫고 실천하게 하려고 《선비처럼》을 엮어 냈다. 그리고 퇴계가 갔던 그 길을 독자들이 따라가며 배우고 익혀 스스로 실천하기를 바라며 이번에 《퇴계의 길을 따라》라는 제목으로 책을 펴내게 되었다.

먼저 물러남의 정치를 보여준 조선의 선비 퇴계를 '프롤로그'로 제시했다. 그리고 1부 '퇴계의 향기를 따라'에서는 선비정신을 일깨워주는 퇴계 선생의 향기를 따라가 보았다. 특히 최근 퇴계 선생의 마지막 귀향길 재현 행사를 중심으로 다양한 각도에서 다루었다. 2부 '다시 선비처럼'에서는 앞서 펴낸 《선비처럼》의 연장선상에서 최근 우리 사회가 당면한 어려움을 진단하고 그 대안으로 다시금 선비정신을 제시하였다. 3부 '착한 사람들이 만드는 세상'에서는 퇴계 선생의 가르침을 실천하며 착하게 살아가는 이야기를 다루었다. 4부 '길 위의 아름다운 유산'에서는 퇴계의 길을 따라 살아가는 사람들이 후대를 위해 남길 유산은 무엇인지 살펴보았다. 끝으로 '에필로그'에서는 모든 갈등과 반목을 잠재우고 행복한 인간관계를 위해 남의 허물은 덮어주고 착한 것은 드러내어 칭찬하는 은악양선의 지혜를 제시하며 마무리하였다.

출판 제의를 흔쾌히 수락한 나남출판사의 조상호 회장에게 감사의 인사를 드린다. 그리고 부족한 원고를 잘 다듬어 준 신윤섭 부장에게 고마움의 뜻을 표한다.

모쪼록 이 책을 읽은 독자가 퇴계가 가려고 했던 길을 따라가며 선생처럼 향기 나는 삶을 살아가기를 진심으로 기원한다.

2019년 7월
안동 도산서원 선비문화수련원에서
김 병 일

퇴계의 길을 따라

차 례

머리말 - 퇴계의 길을 권하며 4
프롤로그 - 물러남의 정치 보여준 선비 11
퇴계 연보 19

1부 / 퇴계의 향기를 따라

• 도산의 정취, 퇴계의 향기 23
• 자연을 사랑하고 인간을 존중하다 29
• 퇴계와 율곡, 두 철인의 첫 만남 33
• 남해안에 피어나는 퇴계의 향기 37
• 역사가 맺어준 아름다운 인연 41
• 참스승 퇴계가 그립다 45
• 만인의 롤 모델, 퇴계와 어머니 50
• 퇴계의 선물 가려 받기 54
• 천명을 위한 결단 57
• 퇴계의 마지막 귀향길을 따라 61
• 봉은사에서 도산서원으로 77
• 퇴계를 기억하며 걷다 82
• 어진 사람들과 행복 걷기 88

2부 / 다시 선비처럼

- 4차 산업혁명 시대의 선비정신 95
- 오늘, 선비정신이 필요하다 101
- 우연히 마주친 젊은 스승 105
- 힘내세요, 대한민국 청년들! 109
- 겸손과 배려의 선비정신을 익히다 113
- 퇴계학과 독립운동 116
- 용계고택 빈터를 바라보며 120
- 나라를 지킨 의병장의 신념 125
- 한반도와 플로리다반도의 차이 129
- 국가흥망을 좌우하는 힘 132
- 강한 군대를 만드는 법 136
- 중국 CCTV에 들려준 한중 공존의 길 138
- 영호남을 잇는 선현의 옛길을 따라 143

3부 / 착한 사람들이 만드는 세상

- 들어야 할 것을 듣고 보아야 할 것을 보다 151
- 인과 의, 현명하게 사는 법 155
- 당근과 채찍을 넘어서 158
- 명문 종가의 아름다운 가풍 162
- 효, 예의지국의 시작 166
- 번창하는 가문의 비밀 170
- 추석여행이 씁쓸한 이유 176
- YOLO 문화 뒤집어 보기 180
- 선현들의 휴머니즘과 페미니즘 184
- 공자 종손의 몸에 밴 아내 존중 188
- 인술 펼칠 의료계가 되는 길 191

- 퇴계정신 담은 경의 농업 195
- 말로 하는 인권보다 실천하는 인간 존중 199
- 칭찬하고 칭찬받는 인생 202
- 허물은 덮고 착한 것은 드러내다 206

4부 / 길 위의 아름다운 유산

- 길 위의 도산서당 213
- 배울수록 행복한 노년 218
- 남을 위해 바쁜 노년 222
- 낮춤과 섬김, 100세 시대의 가치 있는 삶 227
- 마음 수양이 건강 장수의 큰 길 234
- 명예로운 이름을 남기는 법 238
- 서원의 세계유산 등재와 퇴계 243
- 위대한 유산, 아름다운 유교책판 248

에필로그 - 은악양선의 지혜 253

물러남의 정치 보여준 선비

조정이 붙들어도 벼슬을 마다하고 늘 물러나려 했던 조선의 선비!
우리는 먼저 퇴계退溪 이황李滉(1501~1570)을 떠올린다. 그는 왜 그
토록 벼슬에서 물러나려 했을까? 자리에 연연하는 데 익숙한 요즈
음의 시각으로는 좀처럼 이해하기 어렵다.

　　당시에 예던길을 몇 해를 버려두고
　　어디가 다니다가 이제야 돌아온고
　　이제야 돌아오나니 딴 데 마음 말리라

　퇴계가 만년(65세, 1565년)에 지은 〈도산십이곡〉의 열 번째 곡
이다. 부귀가 보장된 벼슬자리를 '딴 데'라 여기고 오래 버려두었
던 고향 예안(경북 안동시 도산면)으로 내려온 소회를 노래했다.

벼슬에서 물러나 향리에 머물려 애쓰다

퇴계는 좀 늦은 나이인 34세에 과거에 급제하여 벼슬에 나아갔다. 그런데 10년쯤 지나서부터 벼슬에서 물러날 생각을 하였다. 평생 140차례나 벼슬이 내려졌지만 사직상소를 올리고 나아가지 않은 것이 79차례이고, 나아간 61차례마저 오래 머물지 않았다. 벼슬길 36년 중 실제로 관직에 있은 것은 10년 남짓이고, 그보다 훨씬 긴 세월을 고향에서 지낸 셈이다.

퇴계의 벼슬살이와 임금의 아낌

퇴계는 본래 벼슬에 그다지 뜻이 없었으나 홀어머니와 형님 등 주위의 권유를 받아들여 뒤늦게 벼슬에 나아갔다. 그러나 매사에 성심껏 임하는 성품 덕에 차츰 공적을 인정받고 신뢰를 얻었다.

젊은 관료 시절에는 중종 임금을 모신 자리에서도 직언하였고, 암행어사로 나아가서는 탐관오리를 적발하고 시정하였다. 청렴한 공직생활은 물론이고, 능력도 탁월하여 국가의 중요 문서와 궁궐의 기록도 그의 손에서 이루어졌다. 노년에는 병든 몸으로도 일단 조정에 나오면 임금을 인도하고 정치를 바르게 하는 데 정성을 다하였다. 이러니 임금으로서는 퇴계 같은 인물이 얼마나 필요하였겠는가?

퇴계가 거듭 벼슬을 고사하자 명종은 "현인을 대우하는 나의 정성이 모자랄 뿐, 그대의 뜻이 깊고 간절하니 소청을 따르겠다"고 아쉬워했다. 그러면서 아쉬움을 달래고자 화공에게 퇴계의 고향, 도산을 그려 병풍으로 만들게 하고 늘 가까이 두었다. 얼마나 그리움이 간절했으면 그랬을까?

명종에 이어 왕위에 오른 나이 어린 선조도 5개월 동안 일곱 번이나 벼슬을 내려 자질이 부족한 자신을 돕도록 간곡하게 재촉하였다. 이렇듯 임금의 부름이 잇따르자 퇴계도 결국 서울로 올라오지 않을 수 없었다.

올라온 뒤에도 계속 사직을 청했으나 고향으로 물러나 있어도 좋다는 허락만 받았을 뿐이었고, 고향에 머물면서도 사직상소를 거듭 올렸으나 끝내 수락 받지 못했다. 퇴계는 어리석고 병든 본인이 나라에 도움이 되지 못하면서 벼슬자리에 머무는 것은 옳지 않다고 여겼지만, 조정은 그래도 필요하니 병이 낫는 대로 복귀하라며 벼슬을 유지시킨 것이다. 사양하는 관료(신하)와 이를 붙들려는 조정(왕)의 관계가 이처럼 곡진하고 아름다울 수 있을까?

퇴계가 물러난 고향, 계상과 도산

벼슬에서 물러나려는 퇴계의 결심이 확고하게 된 것은 50세 때다. 그때 물러나 자리 잡은 곳이 계상溪上인데, 500년이 지난 지금도 퇴계 종택만이 홀로 자리하고 있을 만큼 한적한 곳이다. 퇴계는 그 즈음 자신의 호를 '시내로 물러난다'는 뜻을 담아 '퇴계退溪'로 정하고, 원래 '토계兎溪'였던 시내의 명칭도 같은 이름으로 바꾸었다.

이처럼 궁벽한 장소에 살림집(한서암)과 서당(계상서당)의 터를 잡았고 그 감회를 한 편의 시, 〈한서寒棲〉에 남겼다.

띠풀 얽어 숲속에 초막집 세우니	結茅爲林廬
집 아래 차가운 샘 솟네	下有寒泉瀉
여기 깃들어 사니 이 마음 즐거워라	棲遲足可娛
알아주는 이 없어도 한스러울 것 없네	不恨無知者

남이 알아주지 않더라도 개의치 않고 즐겁게 머물다가 조정의 부름을 받으면 사양하다가 마지못해 다시 나아가기를 반복하는 몇 해 동안 많은 제자들과 후학들이 계상으로 찾아들었다. 35년 나이 차이가 있음에도 불구하고 서로 예우하면서 이틀 밤 사흘 낮을 보낸 청년 율곡栗谷 이이李珥(1536~1584)도 그중 한 사람이다. 샘과 돌이 그윽하고 소나무와 대나무가 아름다웠으나 이렇듯 모여드는 이들을 받아들이기에 계상은 너무 협소했다. 그리하여 퇴계는 제자들의 간청을 받아들여 산 너머 도산에 새로운 서당터를 잡는다. 처음 도산서당 자리를 잡았을 때의 기쁜 심정을 이렇게 시로 읊었다.

| 계상서당에 비바람 치니 책상조차 가려주지 못해 | 風雨溪堂不庇牀 |
| 좋은 곳에 옮겨보려 숲과 언덕 두루 찾았네 | 卜遷求勝徧林岡 |

어찌 알았으랴 백 년 동안 학문할 땅이	那知百歲藏修地
나무하고 고기 낚던 그 옆에 있을 줄을	只在平生採釣傍
꽃은 사람 보고 웃으니 정이 옅지 않고	花笑向人情不淺
벗 찾는 새소리는 그 뜻이 더욱 깊도다	鳥鳴求友意偏長
세 갈래 오솔길을 옮겨와서 깃들기를 다짐하니	誓移三徑來棲息
즐거운 곳에서 뉘와 함께 향기를 맡으리	樂處何人共襲芳

　퇴계가 61세 되던 해 가을, 5년에 걸친 공사 끝에 도산서당이 완성되었다. 너무나 기뻤다. 서당의 아름다운 경관과 건물 배치 등을 정겹고 자세하게 설명하는 글《도산기陶山記》와 한시《도산잡영陶山雜詠》44수를 지어 그 기쁨을 담았다. 서당이 지어지자 퇴계는 마음껏 독서하고 마음이 일면 낙동강 강변 언덕을 거닐며 사색하였다. 함께할 제자와 후학들도 원근 각지에서 몰려들었다. 얼마나 그리던 즐거운 삶인가. 간간이 내려지는 벼슬을 사양해야 하는 부담이 있기는 했지만.

퇴계가 계상과 도산에서 추구한 가치는?

이곳에서 조정의 부름을 한사코 사양하면서 퇴계가 추구한 것은 과연 무엇이었을까? 유학이 지향하는 하늘의 이치天理와 삶의 도리人道에 대한 관심이다. 그래서 몸과 마음을 바르게 간직하고居敬 성현이 남긴 이치를 깊이 있게 궁구하였다窮理. 아름답고 한적하였기에 더욱 집중할 수 있었으리라. 이때의 즐거움은 수없이 많은 시와 편지글에 남아있다. 이를 통해 제자와 후학들 또한 삶의 도리를 실천하는 사람이 되도록 가르치고 훗날 더 좋은 세상을 만들게 이끄는 것이 그의 꿈이었다. 그는 자신이 해야 할 일을 이렇게 읊었다.

높은 곳에 머무는 것은 내 할 일 아니네	高蹈非吾事
고향마을에 기거하면서	居然在鄉里
착한 사람이 많아지길 소원하네	所願善人多
이것이 천지가 제자리를 잡는 것이기에	是乃天地紀

'착한 사람'이 많은 사회에서는 나쁜 일이 생길 리가 없고 반목과 갈등도 사라질 것이다. 퇴계는 50대에는 계상서당에서, 60대에는 도산서당에서 선인을 길러내기 위해 스스로 솔선수범하며 가르쳤다. 착한 사람을 길러내려면 단순한 지식 전달만으로는 안 된다. 스승이 먼저 아는 것을 실천하고 제자가 이를 본받을 때 가능하다. 오늘날까지 수많은 사람들로부터 퇴계가 존경받는 근본 이유는 이와 같은 지행병진知行竝進의 삶에 아주 철저하였기 때문일 것이다.

일반 백성도 사람답게 살도록 〈도산십이곡〉을 짓다

퇴계는 애민정신 또한 남달랐다. 퇴계는 백성들도 사람의 도리를 다하며 살아가려면 배워야 한다고 생각하였다. 그래서 공자의 가르침대로 '유교무류有教無類', 즉 사람을 차별하지 않고 가르치고 싶었다.

그런데 퇴계가 공부하고 제자들과 강론한 문자는 모두가 한문이다. 많은 저술과 편지글 그리고 2천 수가 넘는 한시 모두가 그랬다. 글을 모르는 대부분의 일반 백성에게 어떻게 이 어려운 한문을 가르쳐 사람의 도리를 지키며 살아가도록 교화시킨다는 말인가? 더구나 한시는 우리 음률에 맞지 않아 노래와 춤으로 따라할 수도 없다.

그래서 퇴계는 한자를 모르는 백성도 익힐 수 있도록 교훈적인 내용을 담은 우리말 시조를 지었다. 바로 〈도산십이곡〉이다. 아이들에게까지 가르쳐 노래하고 춤추며 따라 배우는 가운데 인간답게 살아가도록 작사한 것이다. 뜻을 세워 배움에 나서게 하는 내용을 잘 연결한 12곡 연시조인데, 열두 번째 시에 핵심 메시지가 담겼다.

우부愚夫도 알며 하거니 그것이 아니 쉬운가
성인聖人도 못다 하시니 그것이 아니 어려운가
쉽거나 어렵거나 중에 늙는 줄을 몰라라

진리와 인간의 도리가 담긴 학문은 아주 쉬운 것부터 지극히 어려운 것까지 무한하다. 그렇기에 경건한 마음을 가지고 평생토록 공부하지 않을 수 없다. 또 한편으로는 '배움이 옅은 사람들도 뜻만 있으면 배워서 잘 살아갈 수가 있다'고 격려하여 감발시키는 내용에 가슴이 울려온다. 가히 모든 이의 참스승이라 하지 않을 수 없다.

그러하기에 퇴계의 염원은 시간 속에서 부식되지 않고 면면히 전해졌다. 2001년, 평생 교육계에 몸담다 은퇴한 퇴계 16대 종손 이근필 옹(88세)은 퇴계 할아버지의 뜻을 이어 도산서원 선비문화수련원을 설립했다. 퇴계가 소원하던 '착한 사람'이 여전히 우리 사회에 절실히 필요하다고 여겼기 때문이다. 출범 이듬해(2002년) 224명에 지나지 않던 선비수련생이 해마다 크게 늘어나서 2018년 한 해 수련생이 16만 2,700명에 이르렀다.

필자는 선비문화수련원 이사장과 도산서원 원장으로 11년 넘게 이곳에 머물며 지내고 있다. 새벽부터 늦은 밤까지 혼자서 또는 동료나 수련생들과 함께 계상의 시내와 도산의 언덕에서 노닌다. 여기서 느끼는 소회를 적어 내려가다 보니 어느새 퇴계 선생이 남긴 맑은 기운이 온몸을 감싸는 듯 행복감에 젖어든다.

퇴계 연보

1501(연산군 7) 경상도 예안현에서 진사 이식(李埴)의 6남 1녀 중
막내로 태어남. 7개월 만에 부친 별세.

1520(중종 15) 주역을 탐독함. 이때 병을 얻어 평생 고생함.

1521(중종 16) 김해 허 씨와 결혼하나 6년 후 사망.

1530(중종 25) 안동 권 씨와 재혼.

1534(중종 29) 문과 급제. 관직에 오름. 평생 많은 벼슬이 내려졌으나
사양하려 했고 나아가서도 오래 머물지 않음.

1537(중종 32) 모친 춘천 박 씨가 별세. 3년간 복상함.

1548(명종 3) 단양군수, 풍기군수로 부임. 이듬해 백운동서원의
사액서원을 간청.

1550(명종 5) 계상에 한서암을 짓고 이듬해부터 계상서당에서
연구하며 가르침.

1556(명종 11) 《주자서절요》를 편찬.

1558(명종 13) 23세 율곡 이이가 계상서당을 찾아와 도학을 논함.

1559(명종 14) 고봉 기대승과 사단칠정논쟁을 시작함.

1561(명종 16) 도산서당을 짓고 학문 연구와 후학 양성에 전념.

1565(명종 20) 백성을 위해 우리말 연시조 〈도산십이곡〉을 지음.

1568(선조 1) 홍문관, 예문관 대제학을 겸임하며 선조에게 경연하고
성왕의 이치를 담은 〈성학십도〉를 지어 올림.

1569(선조 2) 마지막 귀향길에 올라 도산으로 돌아옴.

1570(선조 3) 한서암에서 고요히 세상을 떠남.

1575(선조 8) 후학들이 조성한 도산서원이 사액을 받음.

퇴계 선생의 친필 도산서당 현판. 경복궁 중수 때 전각 현판을 모두 쓸 정도로
필력이 뛰어났던 퇴계 선생이 도산서당 현판에 후학들을 배려하는 마음을 담았다.
글씨가 작고 아담할뿐더러 유머러스하기까지 하다. ⓒ도산서원 선비문화수련원

1부

퇴계의 향기를 따라

도산의 정취,
퇴계의 향기

가을이 짙어지면 산과 들이 울긋불긋해지고 도산서원에도 많은 탐방객이 찾아온다. 특히, 주말이면 자못 성시成市를 이뤄 11년 넘게 이곳에 머무르고 있는 필자로서도 흐뭇한 마음이다.

잘 알려진 대로 도산서원은 퇴계 이황 선생이 돌아가신 지 5년 후인 1575년에 창건된 서원이다. 서원書院은 올곧게 처신하며 사회를 이끌어갈 참선비를 육성할 목적으로 조용한 산림에 주로 설립됐다. 조선 후기 일부의 적폐로 말미암아 대원군에 의해 그 수가 대폭 줄었으나, 이후 다시 많이 복원돼 현재 전국적으로 670여 개소에 이른다고 한다. 이 가운데 대표적 서원인 도산서원에는 다른 서원에서는 좀처럼 볼 수 없는 몇 가지 특이점이 있다. 이번 기회에 소개해본다.

먼저, 입지부터 가히 명당이라 할 만하다. 뒤편 도산陶山에 포근히 안겨 탁 트인 낙동강을 바라보는 전형적인 배산임수背山臨水의 위치인데, 기암괴석이나 천길 단애斷崖와 같은 절경은 없지만, 찾는 이의 마음을 안온安穩하게 한다. 조선 시대 진경산수화의 대가 겸재謙齋 정선鄭敾(1676~1759)이 먼 곳까지 와서〈계상정거도溪上靜居圖〉를 그린 사실이 이를 증명한다. 현행 천 원권 지폐 뒷면의 그림이 바로 그것이다. 도산서원 탐방객들은 유명한 그림의 현장에 자신이 서 있다는 것을 퍽 신기해한다.

서원 입구로 들어서면 퇴계 선생이 시대를 초월해 널리 존경받는 인물이란 사실을 확인할 수 있는 유적들과 마주하게 된다. 그중 하나는, 공자의 77대 종손인 공덕성孔德成(1920~2008) 선생이 1980년 도산서원을 방문하고 남긴 '추로지향鄒魯之鄕' 비석이다. 추

1980년에 공자 77대 종손 공덕성 선생은 도산서원이 공자와 맹자 같은 성현을 배출한 곳이라는 뜻에서 '추로지향'이란 글씨를 썼다.
2017년 도산서원을 방문한 공자 79대 종손 공수장이 조부의 글씨를 새겨둔 비석 앞에서 환한 미소를 지어 보였다. ⓒ도산서원 선비문화수련원

로지향이란 유학의 창도자인 공자와 맹자의 고향처럼 학문과 도덕이 높은 곳이란 뜻이다. 중국에서조차 희미해진 유학이 이곳 도산에서 살아 숨 쉬고 있음을 확인하고, 그 뿌리인 퇴계 선생에 대한 존모^{尊慕}의 마음을 표현한 글귀다. 수년 전부터는 그의 손자인 79대 종손(공수장孔垂長)도 잇달아 도산서원을 방문해 대를 이어 존경을 표하고 있다.

서원 초입에서 만나게 되는 또 다른 유적이 있으니, 낙동강 건너편 언덕에 자리한 시사단試士壇이다. 시사단은 퇴계 선생 사후 222년이 흐른 1792년 정조 임금이 이곳에서 과거시험을 시행했던 것을 기념해 몇 해 뒤에 세운 비석이 있는 곳이다. '도산별시陶山別試'라 불리는 이 과거는 정조가 탕평책의 일환으로 영남 선비들에게 등용의 기회를 주기 위해 특별히 실시한 것이다. 그런데 과거 시험 장소가 왜 도산서원이었을까? 몇백 년이 흘렀어도 존경받는 퇴계를 구심점으로 삼아 국가적 통합을 시도하려 했기 때문이다.

도산서원에서 얻을 수 있는 더욱 값진 경험은, 다른 서원들과 달리 서원에 모셔진 인물인 퇴계의 체취와 그 영향을 진하게 느낄 수 있는 성스러운 장소가 즐비하다는 사실이다. 대개의 서원은 모셔져 있는 인물의 연고지에 건립됐으나, 그가 직접 생활하던 흔적은 거의 찾아볼 수가 없다. 이에 비해 도산서원은 퇴계 선생이 직접 설계하고 기거하며 공부하고 가르치던 공간을 당시 모습 그대로 보존하고 있다.

도산별시 재현 장면. 정조는 탕평정치의 일환으로 영남의 인재를 선발하고자 퇴계의 얼이 깃든 도산서원에서 1792년 별시를 치르도록 했다. ©도산서원 선비문화수련원

그 가운데 백미白眉인 도산서당은 마치 퇴계 선생의 숨소리까지 들리는 듯한 세 칸 반 규모의 자그마한 건물이다. 가히 검소와 청렴 그 자체라 할 만하다. 그뿐이랴! 서당 정면에 작은 나뭇조각에 새겨져 있는 '陶山書堂'(도산서당)이라는 퇴계의 친필 현판 또한 시선을 끌기에 충분하다. 선생은 경복궁 중수 때 전각 현판을 모두 쓸 정도의 필력이었다. 지금도 도산서원 경내에 걸려 있는 '光明室'(광명실)이란 퇴계가 쓴 현판이 이를 조용히 말해준다.

그런데 '도산서당' 현판 글씨는 작고 아담할뿐더러 유머러스하기까지 하다. 왜 그럴까? 배우러 찾아오는 제자들이나 질문하기 위해 방문하는 후학들이 마음 편하게 다가오도록 배려한 결과다. 당시 퇴계 선생 같은 대학자를 찾아뵙는다는 것은 방문자 입장에서 무척 긴장되는 일이었을 것이다. 그렇게 되면 질문이나 대화가

퇴계 선생이 직접 설계하고, 기거하며 제자를 가르치던 도산서당.
세 평 반 규모의 이 자그마한 건물 앞에 서면 선생의 숨소리까지 들리는 듯하다.
ⓒ도산서원 선비문화수련원

퇴계의 향기를 따라

제대로 이뤄지기 어렵다. 퇴계는 찾는 이의 이러한 처지까지 헤아렸던 것이다. 이렇게 선생은 나와 모든 대상을 하나로 보는 물아일체의 유학이념을 충실하게 실천하였다. 오늘까지도 선생이 겨레의 큰 어른으로 존경받는 이유가 아닐까.

언제라도 삶의 의미를 되새기고 싶다면 인간 존중과 배려의 향기가 가득한 도산서원으로 가족이나 지인들과 함께 오거나 혼자라도 찾아오기를 권한다. 그리고는 도산의 정취와 퇴계의 향기에 한번 푹 빠져볼 일이다.

자연을 사랑하고
인간을 존중하다

도산서원에서 멀지 않은 청량산淸凉山에 자주 간다. 정상은 아니고 주로 기슭에 자리한 청량정사淸凉精舍까지이다. 바로 퇴계 선생이 공부하고 노닐던 곳에 훗날 후학들이 건립하고 공부하던 서당이다. 최근에는 도산서원 선비문화수련원 수련생들이 청량정사 답사 프로그램을 가장 선호하여 찾는 일이 더 잦아졌다.

　이곳이 수련생들에게 인기가 있는 것은 길이 평탄하고 아름다운 자연과 인문의 향기에 푹 젖어들 수 있어서이다. 입석에서 청량정사까지 왕복 50분이 소요되는 이 길은 지형적 특성상 변형이 불가한 외길이어서 수련생들은 결과적으로 수백 년 전 퇴계 선생이 거닐던 길을 그대로 걷는 셈인데, 이것이 감동과 흥취를 더하는 모양이다. 청량산은 해발 870미터에 지나지 않는 작은 산이고 위상도 도립공원에 지나지 않지만 예로부터 명산 중의 명산으로 꼽혀

도산서원에서 가까운 청량산 기슭에 자리한 청량정사. 퇴계 선생이 공부하던 곳에
후학들이 건립한 서당이다. 선생은 스스로 호를 '청량산인'으로 지을 만큼 청량산을
지극히 사랑했다. ⓒ도산서원 선비문화수련원

왔다. 조선 시대 수많은 선비들이 청량산을 찾고 기행문을 남겼
다. 선비들이 청량산을 그처럼 많이 찾은 것은 큰 스승 퇴계 선생
이 평소 사랑하고 공부했던 산이었기 때문이다. 선생의 체취를 흠
뻑 느낄 수 있는 현장이기에 성지순례 하듯 찾았던 것이다.

퇴계 선생은 왜 많은 산 중에서도 청량산을 더욱 사랑한 것일
까? 청량산은 선생의 고향집 가까이에 위치하여 어려서부터 자주
찾던 곳으로, 평생 추구하던 마음속 이상향이었다. 이 때문에 스
스로 호를 '청량산인清凉山人'이라 하고, 청량산은 '우리 집 산'이라
는 뜻에서 '오가산吾家山'이라고 부르기도 했다. 오가산은 소유 차

원이 아니라 자신을 비롯하여 숙부와 형제, 조카 등 집안사람들이 유학의 이상을 꿈꾸며 이를 실현하기 위하여 힘써 노력하고 공부하는 곳이라는 의미이다.

퇴계 선생은 청량산뿐만 아니라 발길이 닿는 모든 자연을 사랑하며 늘 그 속에 머물고자 하였다. 도산서당에서 청량산으로 이어지는 낙동강 강변길의 아름다움에 빠져 그 속으로 걸어드는 느낌을 '그림 속으로 들어간다'고 표현하였을 정도였다. 학문 연마와 제자 양성을 위해 낙향한 뒤에 지은 〈미천장담彌川長潭〉이라는 시에도 이런 감정이 잘 녹아있다.

한참동안 기억해보네 어릴 적 에서 낚시하던 일	長憶童時釣此間
삼십 년 긴 세월 속세에서 자연을 등지고 살았지	卅年風月負塵寰
돌아와 보니 시내와 산은 예전과 같은데	我來識得溪山面
저 시내와 산은 늙은 내 모습 알아나 볼는지	未必溪山識老顏

퇴계 선생은 왜 이처럼 자연을 사랑했을까? 자연을 공부의 현장이라고 여겼기 때문이다. 선생은 책을 읽으며 배우고 느낀 바를 자기 것으로 익혀 실천하기 위해서는 자연 속 사색이 제격이며, 이는 독서와 대등한 공부라고 생각하였다. 청량산 입구 시비에 새겨져있는 〈독서여유산讀書如遊山〉, 즉 '독서는 산을 노니는 것과 같다'는 제목의 시에 그런 생각이 잘 나타나 있다. 선생에게 있어 산과

자연은 바로 학교이고 도서관이었던 것이다.

퇴계 선생은 자연 속에서 어떤 공부를 한 것일까? 세월이 흘러도 변함없이 우선시 되어야 할 가치, 바로 사람의 도리와 인간 존중이다. 이와 같은 가치관 속에는 언제나 사랑과 그리움이 짙게 깔려 있다. 선생은 평생토록 숙부(송재松齋 이우李堣, 1469~1517)를 무척이나 존경하며 그리워하였다. 생후 7개월 만에 아버지를 여읜 선생을 어린 시절 곁에서 이끌어주며 인간의 도리를 알려준 숙부에 대한 고마움을 결코 잊지 않은 까닭이다.

55세 때 어린 조카, 손자, 제자들과 청량산을 오를 때 자신의 어린 시절 모시고 왔던 숙부를 추억하면서 '숙부가 남긴 시를 거듭 외우니 눈물이 하염없이 흘러내리네'라며 시를 읊는다. 이에 어리둥절해하는 젊은 그들에게 '너희들도 훗날 내 마음을 알게 되리라'라고 잇따라 시를 읊은 데에서 이를 엿볼 수 있다. 숙부를 그리워하는 마음을 꾸밈없이 진솔하게 전하며 인간에 대한 그리움과 존경의 자세를 가르친 것이다. 오늘날 부모, 형제간에도 인륜이 무너지는 듯한 세태를 생각해보면 깨닫게 하는 바가 매우 크다.

청량정사 답사를 마치고 돌아오는 길에 수련생들과 이야기를 나누다보면 한결같이 퇴계 선생의 발자취에서 사랑과 존중을 느끼게 되었다며 입을 모은다. 이런 과정의 진정한 힐링을 통해 자신의 인생 항로를 새로이 그리는 모습들이다. 내려올 때는 당연히 그 어느 때보다 발걸음이 가벼울 수밖에. 참 좋은 힐링 산행이다.

퇴계와 율곡,
두 철인의 첫 만남

안동 도산 기슭은 연일 폭염이 이어지는 한여름에도 낮엔 덥더라도 새벽녘은 선선하다. 그래서 삼복을 아랑곳하지 않고 찾아온 수련생들도 새벽 산책을 반긴다. 산책로는 주로 도산서원 뒷산 너머에 자리한 퇴계 종택 앞을 흐르는 시냇가 주변, 계상溪上이라 불리는 곳, 바로 천 원권 뒷면 그림 〈계상정거도〉의 한복판에 위치하고 있다.

퇴계 선생이 50세에 이곳으로 물러나 산 너머 도산서당을 마련하기까지 10년간의 시기는 많은 저술과 제자 양성이 이루어진 인생의 절정기였다. 몇 해 전 기록을 참고하여 없어진 당시의 집 세 채를 복원하였는데, 살림집(한서암)과 공부방(계상서당), 기숙사(계재)를 합쳐도 대여섯 칸에 불과하다. 한국 정신문화의 성지 계상학림의 참모습이다.

한국 정신문화의 성지, 계상학림.
퇴계 선생이 관직에서 물러나 유학자로서 절정기를 보낸 곳이다. 선생의 탄신
500주년을 맞아 복원되었다. 왼쪽부터 계상서당, 한서암, 계재이다.
ⓒ도산서원 선비문화수련원

수련생들이 이곳에서 가장 집중해서 듣는 것은 퇴계와 율곡의 첫 만남이다. 1558년 음력 2월, 23세의 청년 율곡이 계상으로 58세의 퇴계를 찾아왔다. 막 결혼한 뒤 성주 목사로 있던 장인에게 새해 인사를 하고 외가인 강릉으로 가는 길이었다. 첫 만남에서 율곡은 대학자 퇴계에게 한껏 존경을 담은 시를 지어 드린다.

공자와 맹자의 학문으로부터 흘러나와	溪分洙泗派
무이산 주자에게서 빼어난 봉우리 이루었네	峯秀武夷山
살림이라고는 경전 천 권뿐이요	活計經千卷
사는 집은 두어 칸에 불과하네	行藏屋數間
가슴속은 비온 뒤 개인 달 같이 환하며	襟懷開霽月
담소하면 요동치는 물결 그치게 하네	談笑止狂瀾
이 몸은 도道 듣기를 구하는 것이지	小子求聞道
반나절 한가로이 보내려는 것 아니라오	非偸半日閒

이 시를 받은 퇴계는 율곡을 반갑게 맞이하면서 각자 공부에 노력하자며 몸을 낮춘 겸손한 자세로 화답한다.

병든 나는 여기 갇혀 봄을 보지도 못했더니	病我牢關不見春
그대 와서 내 정신 시원케 해주었소	公來披豁醒心神
명성 아래 헛된 선비 없음을 이미 알았으며	已知名下無虛士
몇 해 전 먼저 찾지 못했음이 못내 부끄러워라	堪愧年前闕敬身

좋은 곡식은 돌피의 성숙과 아름다움 허용치 않고   嘉穀莫容稊熟美

작은 먼지도 거울이 닦여 새롭게 됨을 방해하네   纖塵猶害鏡磨新

지나친 시어는 모름지기 거두어내고   過情詩語須刪去

노력하는 공부를 각자 날마다 가까이 하세   努力功夫各日親

율곡과 퇴계는 계상에서 사흘 동안 함께 지냈다. 그사이 율곡은 퇴계의 인품과 학덕에 감탄하고, 퇴계는 젊은 율곡의 비범함을 알아보고 나라의 기둥이 되어달라고 당부한다.

떠나기에 앞서 특별한 가르침을 청하는 율곡에게 퇴계는 한참 묵묵히 있다가 '마음가짐에 있어서는 속이지 않는 것이 귀하고, 벼슬에 나아가서는 일 만들기를 좋아함을 경계해야 한다持心貴在不欺 立朝當戒喜事'는 글을 주었다.

젊은 율곡이 원로학자를 찾아뵙고 가르침을 정중히 청하고 배우는 모습은 요즘 우리 젊은이에게도 필요한 자세이다. 또한 퇴계가 자식보다 어린 젊은 학자에게 자신을 낮추면서 존중해주는 자세 역시 오늘날 기성 원로세대가 가슴 깊이 새기고 실천해야 할 태도가 아닐까? 세대 간 갈등과 반목이 점점 심해져가는 세태에 우리 모두 퇴계와 율곡 두 분의 첫 만남으로부터 겸손과 공경의 자세를 배웠으면 한다.

남해안에 피어나는
퇴계의 향기

‘꽃향기는 천리를 가고 사람의 덕은 만년을 간다_{花香千里行 人德萬年薰}’
는 이야기는 우리 귀에 제법 익숙하다. 사람의 덕, 즉 인품이 오래
오래 간다는 이 글귀가 빈말이 아니라는 것을 이따금 체험하곤 한
다. 최근 남도의 퇴계 유적지를 다녀와서 느낀 소회도 그중 하나
이다.

1533년 이른 봄 33세의 퇴계는 고향 예안을 떠나 수백 리 남도
여행에 나선다. 바로 한 해 전 곤양(현 경남 사천) 군수인 관포_{灌圃}
어득강_{魚得江}(1470~1550)으로부터 초대 편지를 받은 것이 계기였
다. 31살 아래인데다 아직 벼슬길에도 오르지 않은 30대 초반의
시골선비를 60대의 현직 관료 관포가 직접 초대한 것은 비상한 글
재주와 높은 덕망을 듣고 나이를 뛰어넘어 친교를 맺고 싶었기 때
문이었다.

잔설을 밟으며 집을 나서 퇴계는 상주, 선산, 성주를 거쳐 의령 처가에 잠시 머물렀다. 진주를 지나 한 달여 만에 봄이 완연한 곤양 땅에 도착하여 초청자의 영접을 받았다. 다음날에는 남쪽으로 10리쯤 떨어진 작도鵲島(까치섬)로 가 생선회를 앞에 두고 밀물과 썰물(조석潮汐)에 대하여 의견을 나누었다. 섬 남쪽으로 양편에 산이 솟아있는데 그 사이로 밀물이 들면 주변을 빙 둘러 바다가 되고, 썰물이 나면 갯벌이 되었다. 내륙에서는 볼 수 없는 신기한 현상을 접하고 퇴계는 그 감회를 곧바로 시로 남겼다.

작도는 작은데 손바닥처럼 평평하고	鵲島平如掌
오산은 멀리 마주하여 우뚝하구나	鰲山遠對尊
하루아침 동안에도 깊이를 헤아리지 못하니	終朝深莫測
예부터 이치란 궁구하기 어려운 것	自古理難原
숨 한 번 쉴 사이에 땅이 포구가 되고	呼吸地爲口
조수 들락날락하는 곳에 산은 문이 되네	往來山作門
고금의 많은 주장 가운데서	古今多少說
결국 누구의 말이 정곡을 찌를 것인가	破的竟誰言

태양과 달의 인력이 조석의 원인이라는 사실이 알려지지 않았던 시대였던지라, 퇴계는 처음 접하는 자연현상에 대해 솔직하게 그 이치를 알지 못하겠다며 겸허함을 보인 것이다. 이날 모임에는

지역 선비 몇 사람도 함께했는데, 짧은 만남이었지만 그들 또한 퇴계의 학식과 인품에서 많은 느낌을 받았으리라.

400년 세월이 흐른 1928년 봄, 지방 유림들이 퇴계가 시를 짓던 바로 그 자리에 작도정사鵲島精舍를 건립했다. 퇴계의 위패를 모시고 기리기 위한 공간이다. 여러모로 살기 힘들었던 일제강점기에 바닷가 유림들이 어려움을 무릅쓰고 이 일을 한 이유는 무엇일까? 당시 퇴계 종손이 지은 정사 건립 기문은 그들이 퇴계의 학덕을 숭모했기 때문임을 전해준다. 이후 10년 뒤인 1938년 일제가 주변 바다를 매립하여 작도를 육지 속 작은 동산으로 만들어 버렸는데, 그 후에도 곤양향교 주도로 정사의 관리와 추모의 예는 끊어지지

사천시 서포면의 작도정사. 유림들은 여러 어려움을 지나오며
퇴계의 학덕이 담긴 이곳을 오늘도 정성스레 보살피고 있다. ⓒ곤양향교

않고 있다.

　최근 퇴계학을 공부하는 도산서원 참공부 모임 학자 십여 명과 함께 작도정사를 답사하였다. 이른 오전 시간인데도 향교와 정사를 관리하는 유림들이 다과를 차려놓고 환대해주었다. 그로부터 며칠 후 도산서원 선비문화수련원에서 퇴계 선생의 선비정신을 보급하는 '찾아가는 학교 선비수련 활동'을 작도정사 인근 사천 서포초등학교에서 진행하였다. 활동을 마친 후 참가했던 수련원 지도위원들이 귀로에 작도정사에 들러 선생의 향기를 맡았음은 물론이다. 모두 그 옛날 70 평생 살아가면서 늘 사람됨의 도리를 실천하였던 퇴계 선생이 남긴 덕의 향기가 아직도 미치고 있는 결과가 아니겠는가? 우리도 퇴계처럼 살아가야 하는 까닭을 말해주는 사례들이다.

역사가 맺어준
아름다운 인연

얼마 전 도산서원 선비문화수련원에 389명의 어린 수련생들이 2박 3일 일정으로 다녀갔다. 버스 14대로 250킬로미터를 달려온 서울의 한 고등학교 1학년 학생들이다. 수학여행에 나서는 또래들과 달리 선비정신을 배우겠다고 먼 길을 마다하지 않고 찾아온 그들과 뜻 깊은 시간을 보냈다.

평소 공부에 파묻혀 있다가 모처럼 야외에 나서 다소 들뜬 기분들이었고 처음 하는 선비 체험에 장난기도 간간이 보였다. 그러다 곧 정숙해지면서 수련원 가족들에게 먼저 웃으며 인사하는 모습이 시간이 지날수록 눈에 들어왔다. 수련을 마치면서도 자신을 돌아보고 깨달음을 얻는 계기가 되었다고 어른스럽게 소감을 밝혔다. "지금까지 가족을 그저 가까운 사이라고만 여겼는데, 앞으로는 옛 선비처럼 부모에게 효도하고 형제와 우애 있게 지내겠다",

"이제부터는 다른 사람을 존중하고 예를 갖추고 대해 퇴계 선생처럼 존경받는 인물이 되겠다". 사흘간의 짧은 수련기간에 선비를 본받아 자신을 바로 세우도록 동기부여를 해준 듯해 보람이 느껴졌다.

올해 개원 19년째를 맞는 수련원은 해마다 수련생이 50%씩 증가해 작년에는 16만 명을 넘어섰다. 하지만 주로 가까운 대구, 부산 등 영남권 학생들이 대부분이었다. 수도권을 포함한 비영남지역에서 찾아오는 수련생은 대부분 직장인들이었다. 이번처럼 많은 수의 학생 수련생은 드물었기에 이들의 방문이 소중했다. 더구나 이 학교는 올해 처음 찾은 것이 아니라 4년 연속으로 다녀갔다.

2016년 이 학교에서 어린 학생들을 먼 곳까지 처음 선비수련을 보냈을 때 그 까닭이 궁금했었다. 2015년 3월에 부임한 교장선생께서 "공부도 잘하고 인성도 좋은 학생을 길러내야겠다"는 교육목표를 세우고 실천하고 있는데, 그 일환이라는 것이었다. 1학년은 2박 3일 선비수련을 다녀오고 2학년은 주 1시간씩《명심보감^{明心寶鑑}》등 유교 경전을 공부하고 3학년은 전통 성인식을 치르는 등 종합적인 프로그램도 마련하였다고 했다.

그런데 역사를 살펴보면 이 학교가 왜 인성교육에 이처럼 선도적인지를 이해할 수 있는 또 다른 인연도 발견돼 흥미롭다. 이 학교는 40여 년 전 한 문중에서 설립한 사립학교다. 그 문중은 450년 전 뛰어난 조상 한 분이 당시 조정(조선 명종대)으로부터 하사받은 사패지賜牌地를 소유하여 오다 일대가 서울의 강남 번화가로 개발되자 보상재원으로 학교를 설립했다.

그 조상은 황희, 맹사성, 이원익 등의 정승들과 더불어 조선 시대 4대 명재상으로 불리는 상진尙震(1493~1564) 정승이다. 상 정승은 능력과 인품이 뛰어나 15년간 정승 자리(조선 시대를 통틀어 다섯 번째 장기 재임)에서 왕을 보좌하는 동안 신망이 두터웠고 치적도 많아 칭송이 자자했다. 이분의 후손들이 목천木川 상씨尙氏 문중이며, 이들이 세운 학교가 바로 이번에 수련을 다녀간 서울 서초구 소재 상문尙文고등학교다.

450여 년 전으로 거슬러 올라가면 세상 인연이란 참 묘하다는 생각이 절로 든다. 상문고의 뿌리라 할 수 있는 상 정승과 퇴계 선생의 아름다운 인연 때문이다. 60대의 상 정승이 조정에서 큰 활동을 하던 명종 시절, 이보다 여덟 살 적은 50대의 퇴계 선생은 벼슬살이보다 학문 연구와 후학 양성에 뜻을 두고 고향으로 물러난다. 하지만 조정은 퇴계와 같은 어진 이가 필요했다. 그래서 계속 벼슬을 내리며 불렀다. 이에 앞장선 분이 상 정승이다.

그는 명종에게 "퇴계는 청렴하고 재물에 초연합니다. 타락한 풍속을 바로잡을 수 있고 중국 사신을 접대하면 나라를 빛낼 수 있을 것입니다"라고 진언했다고《조선왕조실록》은 전한다. 더 의미 있

역사가 맺어준 인연으로 선비문화수련원을 찾은 서울의 한 고등학교 1학년 학생들.
들뜬 얼굴에 장난기도 가득하다. 수련을 마친 후, 퇴계 선생처럼 존경받는 인물이
되겠다며 어른스러운 소감을 밝혔다. ⓒ도산서원 선비문화수련원

는 역할을 위해 물러나려는 현인 퇴계의 처신과 그를 예우하는 상
정승을 비롯한 조정의 진심이 담긴 모습이 퍽 아름답다.

　　퇴계를 아꼈던 상 정승과 맥이 닿아있는 학교의 학생들이 도산
서원을 찾아 퇴계 선생처럼 훌륭한 인성을 갖춘 사람으로 거듭나
려고 하는 것은 역사가 맺어준 아름답고 견고한 인연이 아닌가?
퇴계 선생과 상 정승 못지않은 아름다운 인연은 얼마든지 찾아낼
수 있다. 이를 활용해 인성 바른 사람, 살기 좋은 세상 만드는 일에
더욱 노력을 기울여야겠다.

참스승 퇴계가 그립다

옛날에는 그림자도 밟지 않는다고 할 만큼 스승은 제자로부터 존경을 받았다. 존경의 이유는 다른 데 있지 않았다. 스승이 단지 글만을 가르치는 '글스승'(경사經師)이 아니라 제자들을 인간답게 키우는 '사람스승'(인사人師)이었기 때문이다. 예전에도 그랬지만 오늘날에도 이 사람스승을 찾아내고 합당하게 대우하는 일은 매우 중요하다. 요즘 우리가 겪는 문제의 대부분이 '사람'에게서 연유한다는 점에서 더욱 그렇다.

우리 역사에서 큰 존경을 받는 스승은 단연 퇴계 선생이다. 퇴계 역시 학문적 진리와 사람 사는 도리로 제자를 가르친 점에서는 어느 스승과 같았으나 그들과는 다른 점이 있었다. 퇴계는 어떤 제자도 하대하지 않고 완전한 인격체로 존중하였고, 제자들이 편한 마음으로 찾아올 수 있게 항상 아끼고 배려했다. 왜 그렇게 했을까?

첫째, 퇴계가 추구한 가치가 예사롭지 않았다. 그의 소원은 '세상에 착한 사람이 많아지는 것所願善人多'이었다. 이를 위해 벼슬도 마다했지만 결코 달성하기 쉬운 꿈은 아니었다. 혼자가 아니라 수많은 제자와 후학들이 함께 해야 이룰 수 있는 소원이었다. 이 점에서 퇴계에게 제자는 같은 꿈을 향해 걷는 동지이자 동반자였다.

둘째, 진리 앞에 겸허했던 퇴계의 자세 때문이다. 그는 공부를 하면 할수록 점점 더 진리의 세계가 무궁무진하다고 생각하게 됐다. 그래서 남이 자신과 다른 생각을 이야기하면 매우 고마워하며 경청했고, 평소 제자들에게도 "자기를 버리고 남을 따르지 못하는 것은 배우는 사람의 큰 병통"이라며 타이르곤 했다. 자신보다 26살 어린 젊은 학자 고봉高峯 기대승奇大升(1527~1572)과 사단칠정四端七情 논쟁을 8년간이나 전개할 수 있었던 것도 이런 열린 마음이 있었기에 가능했던 일이다.

그렇다고 퇴계가 제자를 무조건 사랑하고 덮어주려고만 했던 것은 아니었다. 제자들의 언행에서 행여나 문제가 발견되면 최선을 다해 반드시 고쳐주려 하였다.

사례 하나만 살펴보자. 퇴계가 고향 도산을 노래한 《도산잡영》의 18번째 시 〈부용봉芙蓉峰〉에서 주인공으로 삼을 만큼 아끼던 제자 월천月川 조목趙穆(1524~1606)이 어느 날 스승 퇴계에게 시를 보내왔다.

강 북쪽 산 남쪽에서 큰 스승을 뵙고	水北山南謁大師
한 방에 벗들이 모여 천 갈래 의심 분석했지	群朋一室析千疑
돌아오는 십리 강촌 길에	歸來十里江村路
보금자리 찾는 새 숲으로 나는 것을 스스로 알 뿐	宿鳥趨林只自知

도산서당에서 스승에게 배우고 토론한 뒤 귀가하던 제자 월천이 스스로 얻은 바가 있다고 자부하는 내용이다. 하지만 시를 받아본 퇴계는 한참 배우고 있는 사람의 자세가 그래서는 안 된다고 생각했다. 그래서 자신을 낮추며 제자를 진솔하게 타일렀다.

학문 끊어진 오늘날 스승이 어찌 있으랴	學絶今人豈有師
마음 비우고 이치 보면 의심이 풀리는 법	虛心看理庶明疑
숲으로 나는 새에게 멀리서 이르노니	因風寄謝趨林鳥
단지 스스로 알 때 억지로 알지 말게나	只自知時莫强知

제자에게 '마음을 비우고 차분히 이치를 터득해야지, 자만심을 가져서는 안 된다'고 경계시킨 것이다. 이러한 지적을 가르침으로 받아들인 월천은 스승을 더욱 따르며 존경하였고, 퇴계 사후 도산

도산서원 상덕사(사당)에는 퇴계 선생의 위패(주향) 가까이 제자인 월천의
위패(종향)가 함께 모셔져 있다. ⓒ도산서원 선비문화수련원

서원 창건과 《퇴계집》 간행에도 열심히 참여했다. 월천은 도산서
원의 퇴계 위패 옆에 모셔지는 단 한 명이 되었으니, 얼마나 아름
다운 사제지간인가.

　이처럼 제자를 같은 꿈을 추구하는 동반자로 대하고 잘못된 것
은 성심으로 고쳐주는 '사람스승'이 오늘날에 얼마나 될까. 스승의
날을 없애자는 의견까지 나오는 오늘 우리가 배워야 하는 참스승
의 모습이 아닐 수 없다.

만인의 롤 모델,
퇴계와 어머니

어느 나라든 화폐 속 인물 도안은 자기 나라 역사에서 존경받아 마땅한 인물, 즉 롤 모델을 선정해 담는 것이 관례다. 전 세계 기축통화인 미국 달러의 기본 화폐에 해당하는 1달러짜리 지폐에 건국의 아버지 조지 워싱턴 초상이 담겨 있는 것이 전형적인 예다. 우리나라 역시 훌륭한 위인들을 화폐의 주인공으로 선정해 국민이 존경심을 갖고 본보기로 삼도록 하고 있다.

롤 모델의 의의는 사람들이 어렵고 힘든 상황에 놓였을 때 그분의 삶에서 가르침과 방향을 찾아 헤쳐 나갈 수 있도록 나침반 역할을 하는 데 있다. 이 점에서 롤 모델의 존재는 오늘날 우리 사회에서도 대단히 중요하다. 왜냐하면 근래 우리가 부딪치는 갖가지 문제를 해결할 수 있는 열쇠는 사람의 성품, 즉 인성에 달려 있는 경우가 대부분이기 때문이다.

요즈음 부쩍 인성과 인성교육이 강조되고 있는 사실이 이를 증명한다. 그렇다면 우리가 롤 모델로 삼을 만한 인물은 누구일까? 우리 역사에는 훌륭한 인물이 많다. 화폐에 담긴 인물도 여러 분이다. 이 가운데 빈부, 고하를 막론하고 누구에게나 롤 모델이 될 수 있는 사람은 아마도 퇴계 선생이 아닐까? 그는 최고 권력자도, 전쟁 영웅도, 타고난 천재도 아니었다. 그저 외딴 고을 경상도 예안(지금의 안동)에서 태어나고 자라 34세의 늦은 나이에 과거에 합격해 관직에 나아간, 시쳇말로 늦깎이였다. 퇴계 선생은 학문에 뜻을 두어 열심히 공부해 높은 경지에 올랐음에도 누구에게나 따뜻하게 대했다. 그 시절 사회적 약자인 집안 여인, 나이 어린 제자 나아가 하인들의 처지까지 헤아리고 배려했다. 특히 어려운 처지에 있던 사람들이 퇴계 선생에게 받은 감동이 컸다.

퇴계 선생이 그렇게 되기까지는 많은 분들의 영향이 있었다. 그중에서도 특히 주목할 사람은 어머니 춘천 박 씨다. 6남 1녀 중 막내로 태어난 퇴계 선생은 생후 7개월 만에 아버지를 여의고 홀어머니 밑에서 자랐다. 33세에 혼자가 된 춘천 박 씨는 밤낮으로 농사짓고 누에를 치며 집안을 이끌었다. 그러면서 자식 교육에도 열성을 기울여 먼 거리도 마다하지 않고 스승을 찾아 자식들이 공부할 수 있게 했다. 또한 지식 공부 못지않게 몸가짐과 행실의 중요성도 엄하게 가르쳐 7남매 모두를 훌륭하게 키웠다. 시어머니를

퇴계 선생의 어머니 춘천 박 씨의 묘소와 묘갈(묘비). 조선시대에 여성의 묘갈은
드물었으나 선생은 묘갈지를 직접 썼다. 시대적 관행과 문화를 뛰어넘어 어머니를 향한
존경의 마음이 담겨있다. ⓒ도산서원 선비문화수련원

섬기는 데도 온갖 정성을 다했음은 물론이다.

　가장이자 어머니이자 며느리로서 1인 3역을 훌륭히 해내는 어머니의 모습을 퇴계는 가까이에서 보며 자연스럽게 어머니에 대한 효심과 존경심을 키웠다. 이 때문에 퇴계 선생은 "나에게 가장 큰 영향을 끼친 분은 어머니"라고 항상 말하며 받들었다. 어머니가 돌아가신 뒤 어느 해 자신에게 생일상을 올리려 하자 이는 마땅히 어머니께서 받으셔야 할 상인데 생전에 드리지 못했다며 물리게 했을 정도로 존경의 마음이 깊었다. 만인의 롤 모델인 퇴계 선생의 진정한 롤 모델은 바로 어머니였던 것이다.

　춘천 박 씨는 비록 글은 몰랐으나 퇴계 선생과 같은 훌륭한 역사적 인물을 키워냈다. 학식은 없었지만 온몸으로 본보기가 되어준 참 가르침이 있었기에 가능한 일이었다. 퇴계 선생은 어머니가 할머니에게 정성을 다하는 모습에서 효를 배우고, 검소하고 행실을 바로 하려는 모습을 보면서 반듯함을 배웠다. 백 마디 말보다 한 번의 실천이 얼마나 큰 가르침인지를 보여주는 사례다.

　불우한 환경을 딛고 한평생 오직 자신의 노력과 처신으로 하나하나 쌓아나간 퇴계 선생 그리고 몸으로 실천하며 자식을 가르친 어머니 춘천 박 씨. 이분들이라면 혼탁한 세상에서 힘들게 살아가는 오늘의 우리에게, 오로지 지식 공부만 강조하고 말로만 가르치려는 오늘의 부모들에게 롤 모델로서 손색이 없지 않을까?

퇴계의 '선물 가려 받기'

'김영란법' 시행 후 첫 설 명절을 지내면서 '선물 문화가 바뀌고 있구나' 하는 생각이 들었다. 이전과 비교해 5만 원 이하 중저가 선물의 배달 물량은 증가했지만 그 이상의 고가 선물은 눈에 띄게 줄었다는 소식이다.

그간 우리의 선물 문화에 대해서는 우려와 비판의 목소리가 높았다. 명절 선물이 부정청탁 같은 우리 사회의 부패와 부조리를 조장하고 있다는 보도가 많았다. 이번에 나타난 변화는 아주 긍정적인 신호로 받아들일 만하다. 어느 지인은 예전에 설 명절에 거래처에 5만 원 이하 선물을 보내면 "이런 건 보내지 말라"는 좋지 않은 반응을 보였다고 했다. 그런데 '김영란법' 때문에 이 금액 이상은 보낼 수도 없으니 이제 어찌 할 수 있겠는가? 그래서 그 이후에는 설 선물을 아예 하지 않는다고 한다.

반면 가까운 사람 간에 정이 담긴 선물을 주고받는 미풍양속은 오히려 되살아나는 듯하다. 부모님이나 어르신에게 보내드리는 생활용품이나 부담 없는 사이에 주고받을 수 있는 먹거리 선물이 증가했다고 한다.

제도나 정책의 변경에는 항상 긍정적인 효과 못지않게 부작용도 뒤따르게 마련이다. '김영란법'의 원래 취지와 달리 과수나 화훼 농가, 식당 등을 경영하는 자영업자들이 피해를 입고, 한우와 굴비 등 고급 선물 공급업체도 울상을 짓는다고 한다.

그러나 당장의 어려움보다 좀더 넓게 멀리 보자. 지금 기쁘게 받은 선물 하나가 훗날 자신을 부정청탁의 덫으로 내모는 족쇄가 될 수도 있다. 기업 역시 막대한 선물 비용을 줄이면 원가가 절감되고 그만큼 경쟁력이 높아진다. 지금 지구촌은 무한 경쟁시대다. 경쟁력은 작은 것 하나하나가 모여 큰 것을 이룬다. 국가와 사회도 영속적인 발전을 이루려면 지도층의 청렴이 필수이다. 역사적으로 장수 국가는 모두 청렴했다. 조선왕조 500년도 그래서 가능했다. 말기에 이 기풍이 무너지자 외세의 침략에 앞서 먼저 망국의 조짐을 보인 것이다.

모든 선물이 다 없어져야 하는 것은 아니다. 주고받아야 인정이 오가는 미풍양속은 이어져야 한다. 이 판단 기준을 개인이 자각하고 실행해야 한다. 이와 관련하여 자신에게는 엄격하고 다른 사람에게는 관대한 '박기후인薄己厚人'의 도덕률을 제안하고 싶다. 특히, 받는 사람 입장에서 그렇다. 자기에게 엄격하고 남에게 관대하여야 한다. 공적이거나 업무 관련성이 있을 때 더욱 그러하면 절대 후환이 없을 것이다.

500년이 지난 지금도 많은 사람의 존경을 받고 있는 퇴계 선생에게서 선물을 주고받는 지혜를 배우는 것은 어떨까? 퇴계는 의롭지 않은 것은 받지 않았다. 심지어 이웃집 밤나무 가지에서 자기 집 마당에 떨어진 밤을 주인에게 돌려주기도 했다. 또 청탁이 있는 물건은 절대 받지 않았다. 되갚을 수 없는 것도 받지 않았다. 그래서 받은 것은 반드시 답례를 하였다. 출처와 주인이 분명치 않은 것도 물리쳤다. 단양 군수를 떠나올 때 관례라고 하면서 전별금 명목으로 건네는 삼大麻 꾸러미를 받지 않았다.

하지만 이와 상관없이 보내오는 선물은 인정으로 여겨 기꺼이 받고 반드시 답례를 하였다. 퇴계가 남긴 3천 통 이상의 편지 가운데 받은 물품보다 준 물품의 가짓수가 더욱 많다는 것이 이를 잘 말해준다. 그리고 받은 물건은 어른, 친지들과 반드시 나누었다.

지금 시대에 퇴계와 꼭 같이 사는 것은 어려울 것이다. 그러나 아무것이나 받기보다는 의로운 것을 가려 받고, 받고 나서는 반드시 답례하고, 받은 물건은 주위와 나누어 갖는 것은 본받아야 할 덕목이 아니겠는가.

천명을 위한 결단

대체로 인간은 자기 입장에서 생각하고 행동한다. 자기에게 필요하면 사랑하는 사람의 의사를 무시하고 떠나보내지 않으려 안간힘을 쓰거나 못된 짓도 서슴지 않는다. 이와 정반대로 서로 진정으로 사랑하기에 떠나보내는 장면을 볼 때 사람들은 감동하며 그 스토리에 빠져든다. 하지만 공적인 관계에서는 이런 감동적인 스토리를 듣기가 매우 어렵다. 두 가지 이유 때문이다. 먼저, 공적 관계에서는 서로 헤어지기 싫을 정도로 끈끈한 사이가 되기 쉽지 않다. 다음으로, 꼭 함께해야 할 사람이라 확신하면 상대방 의사는 아랑곳하지 않고 모든 수단을 동원해 제 뜻대로 행동하려는 경향을 보인다.

요즘 시대에도 이럴진대, 그 옛날 왕조시대에 신하가 자신을 붙잡는 임금을 떠나기는 훨씬 더 어려웠을 것이라 생각하기 쉽다.

그러나 조선의 참선비眞儒들은 달랐다. 그들에게 가장 중요한 기준은 '어느 곳에 머무는 것이 가장 옳은가'하는 판단이었다. 나아가 벼슬하는 것과 물러나 학덕을 쌓는 삶 사이에서 늘 고뇌에 찬 선택을 하고 행동했다. 이것이 진進과 퇴退, 즉 '나아감'과 '물러남'의 출처관이다. 이 진퇴 문제를 둘러싼 가장 대표적인 장면 가운데 하나가 퇴계 선생의 경우다.

프롤로그에서도 소개했던 것처럼, 열두 살 어린 나이에 즉위한 명종은 퇴계의 학식과 인품을 존경해 조정에 나오도록 적극 종용했다. 필요하면 강제로 끌어내고, 오지 않으면 처벌하는 권력의 속성을 떠올릴 때 조선은 선비를 특별하게 예우했다. 특히, 명종은 신하들에게 '현인을 불렀으나 오지 않으니 이것이 한스럽구나招賢不至嘆'라는 제목으로 시를 짓게 하기도 하고 도산을 그린 그림에 퇴계의 글, 《도산기》를 써서 만든 병풍을 침전에 두면서 퇴계와 함께하지 못하는 아쉬움을 달랬다.

그러던 중 퇴계가 조정에 나오지 않을 수 없는 상황이 발생했다. 콧대 높은 명나라 사신을 상대할 인물로 퇴계가 가장 적격으로 거론된 것이다. 이에 퇴계도 나라를 위해 더 이상 거절하기 어렵다는 것을 알고는 상경했다. 그런데 조정에 나가 뵙기 직전에 뜻밖에도 명종이 세상을 떠났다. 이런 급박한 상황에서도 퇴계는 소임을 마치고 다시 고향으로 내려갔다.

명종에 이어 갑자기 왕위에 오른 어린 선조는 더욱 퇴계 선생이 필요했다. 그래서 '일찍이 그대의 명성을 듣고 태산북두처럼 바라보았다. 어리고 부족한 나를 도와 달라'고 한껏 자세를 낮춰 간곡히 불렀다. 퇴계는 간청을 이기지 못해 노구를 끌고 다시 상경해 어린 임금을 보필했다. 유명한 〈무진육조소戊辰六條疏〉를 통해 국정 현안에 의견을 내고, 경연에서 임금의 공부도 도왔다. 그리고 그림까지 곁들인, 임금의 정치 교과서라고 할 수 있는 〈성학십도聖學十圖〉를 만들어 올렸다.

그러나 이 역시 퇴계 본인이 생각하는 가장 가치 있는 일은 아니었다. 퇴계는 임금에게 여러 차례 간곡히 귀향을 청했고, 귀향이 허락되자 마침내 한강을 건넜다. 때는 퇴계가 별세하기 1년 9개월 전, 매화가 한창인 봄철이었다. 그러면 퇴계가 살아서 하려고 한 가장 가치 있는 일은 무엇이었을까? 그의 소원은 '이 세상에 착한 사람이 많아지는 것所願善人多'이었다. 조정의 어떤 직책도 이보다 더 막중할 수 없었다.

퇴계가 소망하는 착한 사람이란, 하늘이 부여한 본성대로 살아가는 사람을 말한다. 이렇게 살아가는 사람들이 당대는 물론 후세까지 많아지려면 이들에게 착하게 살아가는 길을 분명하게 제시해야 한다. 먼저, 퇴계 자신이 성현의 말씀이 담긴 서책을 읽고 이를 체득하기 위해 사색해야 한다. 그리고 제자 후학들과 문답 토론도 하고 이를 토대로 저술도 해야 한다. 여기에는 시간과 노력이 많이 필요하다.

이런 일은 당연히 안온하고 집중할 수 있는 곳에서 해야 능률이 오른다. 그곳이 바로 도산이었다. 퇴계는 도산서당에서 독서하고 낙동강 강변의 천광운영대와 천연대를 오르내리며 사색했다. 그에게 있어 독서와 사색은 수레의 두 바퀴처럼 똑같이 소중했다. 혼자 하기도 하고 농운정사에 머무는 제자들과 함께도 했다. 낮에도 밤에도 봄에도 가을에도 한결같았다. 나랏일은 다른 사람들도 할 수 있었지만, 도산에서 추구하는 '소원선인다'의 임무는 아무나 할 수 있는 일이 아니었다. 자신에게 하늘이 부여한 사명, 즉 천명 天命이라고 생각했으리라.

이와 같은 퇴계의 소망은 어찌 됐을까? 퇴계의 가르침이, 오늘의 우리에게 착하게 사는 길을 명확하게 알려주고 있으니 그의 소원은 결코 틀리지 않았다고 생각된다. 퇴계의 소원이 결실을 더욱 잘 거두려면 후손인 우리가 더욱 착하게 살아가야 하지 않겠는가.

퇴계의 마지막 귀향길을 따라

많은 이들의 석별을 뒤로하고

지금으로부터 450년 전인 1569년 어느 봄날(음력 3월 4일. 이하 날짜 음력) 그동안 여러 차례 고향으로 내려갈 것을 간청하던 69세의 퇴계는 마침내 임금 선조의 허락을 받았다. 그날 임금은 떠나가는 퇴계에게 호피 요 한 벌과 후추 두 말을 하사하고 연도에 명해 말과 뱃사공을 내려 보호하라 지시했다.

허락을 받기까지에는 어려움이 많았다. 임금도 신하들도 퇴계가 있기를 바랐다. 두 해 전(1567년) 명종이 후사 없이 돌아가자 16세 어린 나이에 갑자기 왕위에 오른 선조는 온 나라의 중망을 받고 있는 퇴계를 곁에 두고자 했다. 고향에 머물고 있는 그에게 "도와달라"며 간곡하게 재촉했다. 퇴계는 1568년 여름 상경해 정성을 다해 경연에 임하고 성왕의 이치를 담은 〈성학십도〉를 지어

1569년 봄 마지막 입대(入對)에서 퇴계 선생은 임금에게 어진 선비들을 보호하고
소인들을 물리치시라는 진언을 하고 마침내 고향으로 돌아갔다. ⓒ문화재청

올렸다. 그러고는 노쇠한 자신이 할 일을 다했다 여겨 떠나려 했다. 그러나 임금은 잇따라 벼슬을 올려주며 계속 곁에 두려 했다. 평행선 긋기를 몇 달, 몇몇 신하들이 노쇠한 퇴계가 혹시 어떻게라도 되면 큰일이다 싶어 그토록 원하는 고향에 다녀오게 하자고 건의하여 임금도 이날 허락한 것이다.

윤허가 내리자 퇴계는 정오에 하직을 하고 서울 집에도 들르지 않은 채 도성을 나와 해 질 무렵 한강변 동호에 자리한 몽뢰정^{夢賚}^亭에 이르렀다. 이 정자의 주인, 판서 임당^{林塘} 정유길^{鄭惟吉}(1515~1588)은 퇴계와 가까운 사이였다. 나이는 14년 아래였지만 30년 전 호당^{湖堂}(독서당)에서 퇴계와 함께 공부했던 동료이자 후배였다. 호당이란 젊은 관료를 선발하고 독서에 전념하게 하여 훗날 큰일을 할 수 있도록 만든 제도이다. 젊은 시절을 가까이에서 지내며 퇴계의 인물됨을 알고 있던 그는 명종에게 "퇴계는 뛰어난 학술과 재주를 가졌습니다. 한 시대의 인재는 드물기 마련인데 지금 우리나라에 그만한 사람이 몇이나 되겠습니까?"라고 건의한 적도 있었다. 퇴계는 임당을 비롯해 모여든 동료들과 첫날밤을 이 정자에서 보냈는데, 일부 젊은 사람들은 인근 농가에서 밤을 지새우기도 했다.

다음 날(3월 5일) 아침 뒤늦게 소식을 접한 장안의 명사들이 조정을 온통 비우다시피 하고 나와서 백성들과 함께 떠나는 퇴계를 전송했다. 어떤 사람은 강변에서 눈물을 짓고 손을 흔들어 이별했다. 아쉬운 명사들은 배를 함께 타고 한강을 거슬러 봉은사로 향했다. 배 위에서 고봉 기대승이 송별시를 짓는다.

한강 물 넘실넘실 밤낮으로 흐르는데	漢江滔滔日夜流
선생님 이번 떠나심 머물러 주셨으면	先生此去若爲留
백사장에 닻줄 끌며 느릿느릿 배회하는 곳에	沙邊拽纜遲徊處
이별의 아픔 만 섬의 시름 끝이 없어라	不盡離腸萬斛愁

이어서 사암思菴 박순朴淳(1523~1589)이 시를 짓는다.

고향 생각 연이은 고리처럼 끊이질 않아	鄕心未斷若連環
한 필 말로 오늘 아침 도성을 나섰네	一騎今朝出漢關
추위가 영남 매화를 봄인데도 피지 않게 한 것은	寒勒嶺梅春未放
꽃 머물게 하여 늙은 신선 돌아오길 기다린	留花應待老仙還
것이라네	

그러자 자리에 있던 모두가 전별시를 읊었다. 떠날 즈음에 고봉과 사암의 시에 차운한 시를 지어서 두터운 우정에 감사를 표하였다. 고봉과 사암의 시에 대한 퇴계의 답시를 차례로 살펴본다.

배에 나란히 앉은 이 모두가 명류들　　　　　列坐方舟盡勝流

돌아가려는 마음 종일 붙들려 머물렀네　　　歸心終日爲牽留

원컨대 한강물 떠서 벼루에 담아 갈아서　　願將漢水添行硯

이별의 무한한 시름 써내고 싶어라　　　　寫出臨分無限愁

물러남 윤허하시니 쫓겨남과 어이 같으리　　許退寧同賜玦環

어진 분들이 내 고향 가는 길 전송하시네　　群賢相送指鄕關

부끄러워라 네 임금의 후한 성은 입고서　　自慙四聖垂恩眷

부질없이 일곱 번이나 왔다 떠났다 했구나　　空作區區七往還

　　고봉과 사암은 《도산급문제현록陶山及門諸賢錄》에 올라있는 퇴계의 제자들이다. 또 특별한 인연도 있다. 전라도 광주 출신인 고봉은 26세 연상인 퇴계와 8년간 그 유명한 '사단칠정논변'을 하였다. 32세의 고봉은 당시 막 과거를 급제한 처지였고 58세의 퇴계는 국립대학 총장격인 성균관 대사성을 지낸 최고의 학자관료였다. 현격한 차이가 있음에도 불구하고 퇴계는 권위를 내세우지 않고 고봉의 견해를 존중하면서 자신의 의견을 진솔하게 개진해 나갔다. 오랫동안 편지를 주고받는 과정에서 학문도 크게 발전했지만 더 감동적인 것은 두 분의 인간관계 또한 나날이 가까워져서 서로 존경하고 사랑하는 사제가 되었다는 사실이다. 이 시를 보면 잘 드러난다. 고봉은 훗날 퇴계의 유언에도 불구하고 주위의 권유로 퇴계의 비석글(묘갈문)을 짓는다.

전라도 나주에서 태어난 사암 박순은 성리설을 듣고 퇴계의 제자가 됐다. 퇴계는 "그와 상대하면 밝기가 한 줄기 맑은 물이 흐르는 듯해 정신이 문득 맑아짐을 느낀다"고 칭찬했다. 뒤에 문과에 장원급제하고 벼슬도 빠르게 나아갔다. 사암은 그 전 해(1568년) 대제학에 임명되자 스승 퇴계를 천거하며 뒤로 물러섰다. "퇴계가 대제학이 돼야 합니다. 연세가 높고 학문이 깊습니다. 원컨대 저와 바꾸어주소서"라며 양보했다. 열 정승보다 더 영광스럽다는 대제학 자리를 양보한 것이다. 미담이 아닐 수 없다. 그는 퇴계가 세상을 떠난 후 묘소 속에 묻어두는 글(묘지문)을 짓는다.

한강을 따라 죽령을 넘어

헤어지기 아쉬워하는 많은 이들 때문에 그날은 겨우 봉은사에 이르러 묵었다. 사흘째 되는 날(3월 6일) 봉은사를 떠나 임금이 내려준 배로 한강을 거슬러 갔다. 반나절 지나 광나루에 이르니 정존재靜存齋 이담李湛(1510~1575)이 맞이했다. 그는 퇴계의 제자이나 벌써 육십 세 노인이었다. 그는 병환 중이었는데 스승이 떠난다는 소식을 뒤늦게 듣고 힘들게 일어나 지름길로 광나루까지 와서 헤어지기 섭섭함을 담은 시를 건넸다. 퇴계도 가슴이 저며 온다. 이 세상에서 다시 만날 수 있을까? 아쉬워하는 제자에게 퇴계도 소회를 밝혔다.

아녀자처럼 이별의 눈물 줄줄 흘림 늘 싫어하네	兒女常嫌別淚潺
웅덩이 다 채우고 물 흘러가듯 가고 또 오는 것	坎流時往亦時還
오늘 정이 이리도 깊구나 구성의 사람이여	情深此日駒城子
두 노인 바야흐로 이별의 어려움을 이제 알겠네	兩老方知作別難

'구성'은 용인을 말한다. 그는 용인 이 씨로 서울에서 살았다. 퇴계보다 불과 9살이 적었으나 제자로 자처하였다. 퇴계도 속 깊은 내용까지 편지에 담아 정존재와 주고받았다. 훗날 다산茶山 정약용 丁若鏞(1762~1836)은 서른의 젊은 나이에 주문모 신부 사건에 연루되어 좌천돼 큰 실의에 잠겨 있을 때 퇴계가 정존재에게 준 편지를 보고 크게 감동하고 존경하는 소감을 남겼다. 퇴계는 "세상 사람들은 남들이 알아주지 않는다고 서운하게 여긴다. 나도 그렇다. 그런데 세상 사람들은 자기를 과소평가한다고 여기는데 나는 너무 과대평가하기 때문에 너무 힘들다. 허명虛名에 시달리고 있다"라고 정존재에게 보냈다. 훗날 이 글을 읽은 다산은 "퇴계 선생은 참으로 훌륭하시다. 그렇게 말씀하시다니! 내가 선생을 따라 배우지 않고 누구를 따르겠는가?"이는 다산의 《도산사숙록》에 담겨있다. 그날은 무임포(미음나루)에서 묵었다.

　나흘째 되는 날(3월 7일) 남양주 마재를 지나가게 되었다. 200년 후 걸출한 학자 다산이 이곳에서 태어나리라고 생각하며 지나갔을까? 이윽고 한강이 두 갈래로 모이는 두물머리(양수리)에서 오른쪽 물길(남한강)을 거슬러 올라가 한여울大灘에서 묵었다. 남한강에 접어들어 첫 번째 만나는 큰 여울이다.

이곳까지 제자 한 명이 따라왔다. 잠재潛齋 김취려金就礪(1539~?)였다. 왜 이렇게 멀리까지 전송하러 왔을까? 그는 안산에 살았으나 책 상자를 지고 도산까지 천릿길을 왕래했다. 5년 전 공부를 시작하여 스승의 경지가 너무 높아 자신은 도저히 이를 수 없다고 실의에 빠졌을 때 퇴계는 제자에게 시를 지어 북돋아 주었다.

스스로 한탄하다 自歎

이미 지난 세월에 나는 안타깝지만	已去光陰吾所惜
그대는 이제부터 하면 되니 무엇이 문제인가	當前功力子何傷
조금씩 흙을 쌓아 산을 이룰 그날까지	但從一簣爲山日
미적거리지도 말고 너무 서두르지 말게	莫自因循莫太忙

이후에도 스승의 제자를 면학하게 하려는 노력을 계속 이어진다. 한해 전에는 퇴계가 고봉 기대승의 시를 차운하여 제자 김취려에게 주었다. 48행의 긴 시인데 끝의 4행만 살펴보자.

내 말은 거칠지만 정성스레 한 것이며	我言質而愨
기고봉의 말은 굳세고도 바르도다	奇辭謬以騫
서로 각각 노력하길 기대하나니	相待各孶孶
보배로운 농사에 좋은 수확 있기를	稼寶收耕畚

퇴계는 독자적으로 시를 지어서 훈계할 수도 있었으나 제자 가운데 앞서나가는 고봉의 시를 빌려와서 그의 마음을 감발시키려고 하였다. 퇴계의 제자 사랑과 면려의 자상함이 잘 드러난다. 제자는 이런 스승의 곁을 쉽사리 떠날 수가 없었을 게다. 퇴계가 급하게 서울을 떠나느라 서울 건천동 집에서 가꾸던 매화 분재를 두고 왔는데 얼마 후 퇴계의 손자에게 부쳐 배에 실어 보내준 것도 그였다. 퇴계는 그때의 기쁜 마음을 이렇게 읊었다.

일만 겹의 붉은 먼지를 깨끗이 벗어나	脫却紅塵一萬重
세상 밖으로 찾아와 늙은이와 짝 되었네	來從物外伴癯翁
일 좋아하는 그대가 나를 생각지 않았다면	不緣好事君思我
해마다 빙설 같은 이 모습을 어찌 보리오	那見年年冰雪容

퇴계가 임종 날 아침 물을 주라고 했던 분매가 바로 이 분매이다. 잠재는 그 다음 해에 스승의 상을 당하자 임금의 명을 받고 장례 일을 감독하는 직책禮葬加定官을 맡아 수행하였다. 상복을 입고 묘소 옆에 종일 앉아서 한 달을 넘겼다. 스승과 제자의 관계가 이토록 아름다울 수 있는가. 그 끝을 보는 듯하다.

그 다음날(3월 8일) 아침 김취려와 한여울에서 작별하고 배개나루㮋浦까지 왔다. 그 다음날(3월 9일) 여주를 지날 때는 비바람이 심해 고통스러웠다는 기록이 보인다. 배를 타고 돌아오는 중에 고

충청도 관찰사가 근무하던 충청감영의 정문. 현재 그 터에 충주관아공원이 조성되어
역사를 배우고 옛 정취를 느끼게 한다. ⓒ도산서원 선비문화수련원

인이 된 옛 친구이자 제자 홍인우洪仁祐(1515~1554)가 금강산을 유
람할 때 인도해준 스님을 만났다. 당시 일을 자세히 듣고는 감격
의 눈물을 한참 동안 흘렸다. 훗날 인근에 기천서원이 건립되고
홍인우와 함께 퇴계가 존경한 모재慕齋 김안국金安國(1478~1543) 등
이 모셔졌다.

그 이튿날(3월 10일) 드디어 배가 충주 관내에 이르렀다. 세곡을
모아 수송하는 가홍창을 거쳐 달천에서 배에서 내려 육지를 내딛
으니 여러 날 습기로 생긴 부종도 사라졌다. 영접 나온 충청감사
송당松塘 유홍兪泓(1524~1594)은 이렇게 시를 읊으며 반겼다.

퇴계에게 드리다 贈退溪

백세 흘러 도가 선생에게 있나니	百世斯文在
북두 이남 드높은 명성이어라	高名斗以南
임금님이 국정 맡기시려 하나	天將調鼎鼐
선생은 고향 강가에서 늙고 싶어라	身欲老江潭
해와 달 한가로이 보내며	日月閑中遣
고요 속에 우주의 이치 더듬도다	乾坤靜裡探
남아로 할 일 다 할 수 있었나니	男兒能事盡
하늘과 사람에게 부끄러움 없어라	俯仰兩無慚

퇴계는 그가 읊은 시에 감사의 답을 했다.

충청감사 유홍에게 차운한 두 수 次韻忠淸監司兪泓之二首

물러나 쉬기를 빌어 임금님 하직하고	乞退辭天上
돌아감에 영남으로 향하노라	言歸指嶺南
가흥관에서 술잔 주고받고	杯傳可興館
달천담 거슬러 배 저어가노라	舟泝達川潭
세상일에는 고담준론 흠모하였고	世事歆高論
선경은 두루 더듬기에 힘 솟았도다	仙區聳歷探
보내온 시 말씀이 너무 무거워	詩來言過重
읊조리며 푸른 산 마주하니 부끄럽기만 하여라	吟對碧山慙

그리고 또 한 수를 지어 감사에게 건넸다. 그 시의 끝부분에 이렇게 소회를 담았다.

답글 적고 고개 다시 돌리니 　　　　　　　酬書更回首

어느 날 다시 가까이 만날까 　　　　　　　何日得重親

그렇지만 두 분은 생전에 다시 만나지 못했다. 퇴계가 세상을 떠난 후 송당은 승지가 돼 왕명을 받들고 와서 제사를 지냈다. 인연은 묘한 것, 이렇게 생과 사를 잇는다.

이틀 후(3월 12일) 청풍에 도착하고, 다음날(13일)에는 단양팔경의 하나인 구담을 지나면서 오랜 친구인 청풍군수 이지번李之蕃(1508~1575)과 시를 주고받았다. 그는 《토정비결》의 저자로 알려진 토정土亭 이지함李之菡의 형이요, 영의정 아계 이산해의 아버지다. 일찍이 윤원형의 미움을 받아 이곳과 가까운 곳에 피신하고 있다가 퇴계와 벗하게 되었다. 청풍군수 자리도 퇴계의 강력한 천거에 의한 것이기에 두 사람의 소회는 남달랐을 것이다.

휴퇴 빌어 돌아가는 길에도 장애가 많아 　　　乞身歸路還多礙

구름 사이 들어가 노닐지 못하네 　　　　　不向雲間作勝遊

물러나는 처지여서 친한 벗과 함께 유람할 수 없는 아쉬움이 묻어난다. 구담을 거치니 바로 단양이다. 단양은 퇴계가 48세 되던 1548년 10개월간 군수로 벼슬하였던 곳. 감회가 더 깊었을 것이다. 그러나 이번에는 별다른 기록이 보이지 않는다.

그 다음날(3월 14일) 단양을 출발해 험준한 죽령을 넘어 영주에 도착했다. 죽령은 퇴계가 한양을 오고 갈 때 주로 다니던 길이다. 험준하지만 지름길이며 뱃길을 이용하기도 수월했다. 그러나 겨울철에는 덜 험한 문경새재를 이용하였다. 이번은 봄철이라 죽령을 택했던 것이다.

죽령 넘어 첫 고을 풍기와 영주에서 이틀을 묵었다. 풍기는 단양에 이어 퇴계가 49세 때 군수를 지낸 곳이다. 영주는 퇴계 초취 김해 허씨 부인 처가가 있던 곳이다. 두 곳은 퇴계와 깊은 인연이 있는 소수서원과 이산서원이 있으며 제자들이 여럿 있던 지역이기도 하다. 그래서 이들과 한 이틀 함께 지냈던 듯하다.

그토록 그리던 고향 도산에 돌아와서

3월 17일, 서울을 떠난 지 14일 만에 퇴계는 마침내 고향으로 돌아왔다. 집이 있는 계상溪上은 돌림병이 돌아 산 넘어 도산서당으로 발길을 돌렸다. 그곳에는 퇴계가 오기를 학수고대하는 매화가 있었다. 퇴계는 매화와 시를 주고받는다.

매화가 주인에게 梅贈主

부귀와 명예가 어찌 님에게 맞으리	寵榮聲利豈君宜
흰머리로 속세에 있는 님 해를 넘겨 생각했네	白首趨塵隔歲思
오늘 다행히도 물러감을 허락받았는데	此日幸蒙天許退
하물며 이 좋은 나의 꽃피는 시절에 오시다니	況來當我發春時

부귀와 명성과 이익은 퇴계에게 맞지 않다. 벼슬길에 나아가는 것이 맞지 않다는 것도 매화는 잘 알고 있다. 물러날 것을 윤허 받고 돌아와 다행인데 마침 매화가 꽃필 때여서 더욱 반갑다고 했다.

주인이 답하다 主答

국솥에 간 맞추려 그대 얻으려고 함 아니라	非緣和鼎得君宜
맑은 향내 너무 사랑하며 스스로 생각하며 읊조리네	酷愛淸芬自詠思
이제 내가 다시 올 약속 지켜 돌아왔으니	今我已能來赴約
밝은 세월을 저버렸다고 허물일랑 마시오	不應嫌我負明時

퇴계가 매화를 가까이 한 것은 매실을 양념으로 사용하려는 것이 아니고 맑은 향기 때문이었다는 것이다. 고향을 떠나 있는 동안 매화와의 약속을 지키기 위해 얼마나 애썼는지 느낄 수 있다.

퇴계는 그토록 몸담고 싶은 도산에 돌아와 1년 9개월 후 세상을 떠난다. 사직 상소를 여러 차례 올렸으나 임금은 허락지 않았다.

귀향길을 거쳐 그토록 그리던 고향에 돌아온 퇴계를 매화가 반갑게 맞아주었다.
지금도 도산서원에는 이른 봄이면 매화 향기가 가득해 퇴계를 그리게 한다.
ⓒ도산서원 선비문화수련원

병이 낫는 대로 곁으로 오라는 전갈이 빗발쳤다. 개인(퇴계)은 병
들고 나라에 도움을 줄 수 없다고 벼슬을 사양하고, 나라(임금)는
그대가 필요하니 빨리 치료하고 나와서 도움을 달라는 것이었다.
요즘 세상 돌아가는 사정과 사뭇 다르다. 이 얼마나 아름다운 광
경인가?

그토록 그리던 고향 도산에 돌아온 퇴계는 독서와 사색, 연구와
저술, 제자 양성을 병행하며 그의 소원이었던 착한 사람들이 많은
세상을 만드는 일에 집중하였다. 쇠약해지는 육체를 생각할 때 마
음이 급했다. 퇴계는 배우러 오는 제자들을 가르쳤다. 질문하는
후학들에게 답을 하고 그 답이 옳았는지 늘 되짚어보며 자성했다.

할 일을 피하지 않았고 세상 사람들이 원하는 것은 최대한 부응하려 했다.

오늘날 재현의 진정한 의미

퇴계 선생의 마지막 귀향 450주년을 맞이해 이를 조명하는 재현 행사를 도산서원이 주체가 돼 2019년 봄에 조촐하게 추진하였다. 당시 퇴계는 배와 말을 타고 갔으나, 이번에는 같은 여정을 도보로 걸으면서 남긴 시를 음미하고 의미를 되짚는 강연도 열었다.

450년 전 퇴계가 귀향했던 길을 따라 걸으며 선생의 삶과 정신적 가치를 널리 공유하는 계기가 되기를 기대하였다. 물질적으로 크게 풍족해졌으나 삶은 불행해지고 반목과 갈등이 점점 심해지는 오늘, 퇴계의 마지막 귀향길과 귀향 후 삶은 우리에게 좋은 본보기가 될 것이다.

봉은사에서 도산서원으로

'나의 고향, 시냇가로 물러나련다'라는 의미를 지닌 '퇴계退溪'를 자신의 호로 삼고 살아간 퇴계 이황 선생. 올해는 그가 만류하던 선조 임금의 허락을 받고 마지막으로 서울을 떠나 고향으로 내려간 지 꼭 450년 되는 해이다. 이후 다시는 서울에 오지 못하고 1년 9개월 뒤에 세상을 떠났으니, 결과적으로 그 해의 귀향이 '마지막 귀향'이었던 셈이다. 그래서 올봄 이를 기념하여 그 때의 귀향 일정에 맞추어 같은 날짜에 행사를 재현하며 뜻을 되새기려 하였다.

출발지는 서울 강남에 자리한 봉은사奉恩寺로 잡았다. 봉은사는 퇴계가 임금을 하직한 뒤, 경복궁을 나와서 한강변 정자에서 하룻밤을 지내고 다음날 묵은 곳이다. 첫날 묵었던 정자가 지금은 없어진 탓도 있지만, 봉은사에는 행사의 시작을 알리는 강연회를 열기에 적합한 공간이 갖추어져 있다는 점을 고려하였다. 그러나 이것은 신자만 38만 명인 봉은사로서는 큰 공간을 반나절이나 외부 행사에 할애해야 하는 일이어서 과정이 간단치 않았다. 다행히 직접 발품을 팔고 지인들의 도움도 얻어 450년 전 그날 그때(4월 9일 오후 2시) 그곳 봉은사에서 주지 스님의 축사까지 포함된 강연회를 열면서 이번 귀향 행사의 첫 걸음을 뗄 수 있었다.

그런데 출발지가 봉은사라는 사실이 더 의미 있는 것은 지금까지도 많은 사람들에게 울림과 교훈을 주는 퇴계의 여러 처신 가운데 이곳과 관련된 것도 있다는 점이다. 조선 건국 이후 불교계는 숭유억불 정책의 여파로 줄곧 내리막길을 걷다가 명종의 생모인 문정왕후의 적극적인 지원으로 일시적인 융성기를 맞았다. 퇴계의 장·노년기와도 겹치는 이 시기에 그런 움직임의 한복판에 있던 사찰이 바로 봉은사였고, 거기서 중심적인 역할을 한 인물이 봉은사의 주지인 보우선사(1509~1565)였다.

하지만 이러한 융성기도 잠시 문정왕후의 별세와 함께 불교 중흥의 문은 닫히고 살벌한 보복만이 기다리고 있었다. 보우를 엄벌하자는 주장이 경향 각지의 유림으로부터 성난 파도처럼 분출했고, 성균관 유생들도 학교를 비우고 과거까지 응시하지 않겠다고 나선 것이다.

퇴계의 고향 영남의 선비들도 도道 단위의 통문을 만들기 위해 거세게 움직였다. 물론 퇴계 또한 조선 성리학의 대가답게 불교에

귀향길 재현 행사의 출발점, 봉은사의 보우당.
귀향길에 오른 퇴계는 봉은사에 하루 머물렀다. 퇴계의 삶이 남긴 적선의 인연은
450년 후 귀향길 재현 행사에서도 이어졌다. ⓒ도산서원 선비문화수련원

봉은사 영각에 있는
보우선사 진영(眞影).
ⓒ봉은사

대해서는 배척하는 입장이었다. 그러나 예상과 달리 퇴계는 그런 주장에 동조하지 않았다. 대신 그는 어짊仁을 숭상하는 선비가 취해야 하는 금도襟度는 어떤 것인가를 물었다.

만약 사람들의 생각이 모두 같다면 통문을 돌릴 것도 없이 다들 호응할 것이고 생각이 다르면 집집을 찾아다녀도 응하는 사람이 없을 것이며, 나아가 누구나 말해야 할 일이 있으면 스스로가 소를 올리면 되지 통문까지 돌려 집단으로 대궐로 나아가는 것은 옳은 일이 아니라는 것이 요지였다. 또한 언론의 직임을 맡은 자가 간諫한다면 몰라도 초야의 선비들이 무리로 모여서 대궐에 나가는 것은 본분에 맞는 일이 아님을 지적하고, 백보 양보하여 나라의 존망과 유학의 정체성에 관한 것이라면 또 몰라도 이런저런 소문만 가지고 막대한 죄를 다투는 것은 마땅하지 않다고 설득하였다.

퇴계의 이런 지적에 따라 고향 예안과 안동의 선비들은 대궐에 나아가지 않았다. 하지만 다른 지역 유림의 요구는 그치지 않았고, 그 결과 보우는 제주도로 귀양을 가서 끝내 죽임을 당하게 된다. 그로부터 4년 후 퇴계는 바로 귀향길에 보우가 활동하던 그 봉은사에서 하루를 묵게 된다. 봉은사로서는 가장 어려운 시기였다. 그때 퇴계 선생의 감회가 어땠을까? 또 당시 봉은사 스님들의 심정은 어떠하였을까?

그로부터 450년, 봉은사와 보우선사 그리고 퇴계 선생 간에 얽힌 의미 깊은 옛날이야기를 나누면서 주지 스님과 필자는 예정된 면담시간을 두 배나 늘려가며 따뜻한 눈길을 쉼 없이 주고받았다. 세월이 아무리 흘러도 적선의 인연이란 이렇게 이어지는가 보다.

퇴계를 기억하며 걷다   〰〰〰

450년 전 퇴계 선생의 마지막 귀향 일정과 코스를 따라가는 재현 행사가 2019년 4월 9일부터 21일까지 13일간 이어졌다. 서울에서 안동 도산서원까지 320km의 거리다. 선생은 배와 말을 타고 갔으나 재현단은 충주댐 수몰지역 50km를 제외한 270km를 걸어갔다. 강연행사가 있는 첫날과 마지막 날을 제외하고 11일 동안 오전 8시부터 20~30km씩, 많이 걷는 날은 38km를 온종일 걷는 일정이었다.

준비하는 동안 많은 분들이 큰 스승 퇴계의 삶과 정신을 여러 날 동안 느낄 수 있는 기회이니 어떤 책이나 강연보다 효과적이라며 격려해주었다. 그러면서 한 가지 염려는 빼놓지 않았다. 그 먼 거리를 어떻게 열흘 넘게 걸어가며, 게다가 참여자들이 60~70대가 주류인데 정말 괜찮겠는가 하는 것이었다. 한창 때를 한참이나 지

퇴계의 귀향길을 따라 걷는 800리 대장정에서 하루 20~30km를 가다 보니
걷는 이는 자연스레 구도자가 되고, 동반자는 도반이 되었다.
ⓒ도산서원 선비문화수련원

퇴계의 향기를 따라

난 사람들이 하루 8~9시간씩 오랫동안 걷는다는 계획에 걱정이 따르는 것은 어쩌면 당연했다.

솔직히 필자도 지난 해 말까지 반신반의하였다. 이 때문에 행사의 성공을 위해서는 구상을 처음 꺼낸 필자가 먼저 그 가능성을 시험해보지 않을 수 없었다. 이에 따라 사전 답사를 겸해 금년 1월부터 매 주말 이틀 동안 50~60km를 걸었다.

첫날 기억이 또렷하다. 소한 추위에 몸은 움츠러들고 찌뿌둥했다. 봉은사에서 팔당까지 30km를 걷는다는 것이 영 자신이 없었다. 중도에 탈락할까 걱정되어 차량을 가까이 따라오게 하고 아주 천천히 걸어갔다. 2시간이 지나 광나루에 도착하니 컨디션이 조금 나아졌다. 점심을 먹고 한강변을 이어 걷다보니 몸이 더욱 가벼워지고 정신도 맑아졌다. 목적지인 팔당에 도착하여 가진 저녁 식사 자리에서 함께 걸어온 4명이 심신이 훨씬 좋아졌다고 이구동성으로 입을 모았다.

소문이 퍼지자 사전 답사 지망자가 부쩍 늘어났다. 그리하여 2월초 마지막 코스에는 무려 17명이나 참여하였다. 걸을수록 좋다고 몸이 말하고, 여기에 마음까지 산뜻해지더라는 모든 참여자들의 한결같은 입소문의 결과였다. 이 열기에 힘입어 15명 규모의 유림과 학자 중심으로 본 행사 재현단이 일찌감치 구성되어 출발을 하였다. 그리고 이들 모두는 별 탈 없이 마칠 수 있었다.

먼 거리를 마다하지 않고 왜 이렇게 참여하였을까? 실제 오래

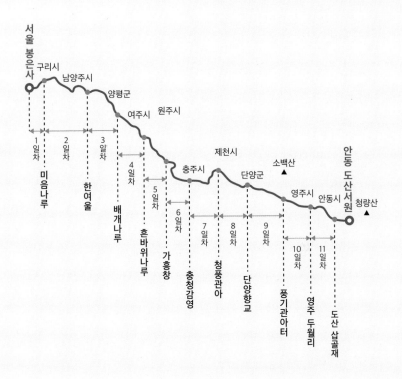

서울 봉은사
구리시
남양주시
양평군
여주시
원주시
제천시
소백산 ▲
안동 도산서원
청량산 ▲

1일차
2일차
3일차
4일차
5일차
6일차
7일차
8일차
9일차
10일차
11일차

미음나루
한여울
배개나루
흔바위나루
가흥창
충청감영
청풍관아
단양향교
풍기관아터
영주 두월리
도산 삽골재

충주시
단양군
영주시
안동시

퇴계의 마지막 귀향길 재현단의 여정.
450년 전 퇴계의 마지막 귀향 일정과 코스를 따랐다. 강연행사가 있던 첫날과
마지막날을 제외하고 2019년 4월 10일부터 20일까지 재현단이 걸은 11일간의
여정이다.

걸어보니 아주 좋기 때문이다. 사람은 오랜 세월 걸어 다녔다. 차 타기가 일상이 된 현대인들의 질병과 피로감의 근본원인은 걷지 않는 생활습관과 무관치 않다. 그런데 오래 움직이니 몸이 좋다고 저절로 반응하는 것이다.

시간과 다투는 현대인들이 오래 걷기란 쉽지 않다. 그러니 평일에 조금씩 걷고 주말에는 종일 걸어보는 것을 권한다. 그렇지만 현대인들은 살아가며 꽤 바쁘게 움직인다. 빠른 속도로 힘차게 걸어야 운동이 된다고 생각한다. 그러나 하루 종일 그 속도로 걸어갈 수는 없다. 평소보다 반드시 천천히 걸어야 한다. 하루 종일 걸어갈 수 있다고 느끼는 속도로 걸어야 한다. 그렇게 해야만 부상이나 큰 탈 없이 오래 걸어 갈 수 있지 않겠는가.

재현단의 참여 열기가 뜨거운 이유 가운데 또 하나는 걷기가 마음도 가라앉히고 생각도 정리되도록 유도한다는 점이다. 누구나 번민과 갈등이 있거나 풀어야 할 숙제가 있다. 웅크리고 고민하지만 말고 넓고 드높은 자연 속의 길을 천천히 걸으면 정신적으로 매우 평온해지는 것을 느낀다.

특히 이 길이 퇴계 선생과 같은 현인賢人이 걸어갔던 길이라고 하면 감회는 배가된다. 그저 그런 길이 아니라 역사 속 위대한 스승의 발길이 지났던 길을 따라 걷는 것이다. 이럴 때 걷는 이는 자연스레 구도자求道者가 되고 동반자는 도반道伴이 된다. 실제 긴 여정을 함께한 재현단원 중 단 한 사람도 아무런 탈이 나지 않았다는 것이 이를 잘 말해준다.

　언론을 통해 귀향길 재현 행사가 알려지면서 일반인들의 참여가 늘어났다. 매우 반가운 일이었다. 퇴계 선생이 걸어갔던 바로 그 길 위에서 그분의 삶을 생각하며 많은 이들과 함께 하였으니 말이다. 몸도 가볍고 마음도 상쾌해졌던 소중한 경험을 여러분들과 나누어서 더욱 뜻깊은 여정이었다. 앞으로도 더 많은 분들이 선생의 귀향길을 걸어가며 품격 있는 체험을 많이 하면 좋겠다.

어진 사람들과 행복 걷기

450년 전 퇴계 선생의 마지막 귀향을 재현하는 동안 주위에서 과분한 칭찬을 자주 들었다. 70대 중반의 몸으로 재현단에 끼어 끝까지 완주한 것을 두고 하는 말들이다. 행사를 처음 발의하고 직접 단장을 맡아 퇴계 후손과 제자들 후손 그리고 연구자와 도산서원 관계자 등 다양한 인사들로 재현단을 구성하여 큰 탈 없이 마무리한 점도 한몫 거들었다.

그런데 이러한 평가는 가당치 않은 과찬이다. 필자가 한 일은 생각보다 어렵지 않은 일들이었기 때문이다. 열흘 이상 하루 종일 걷는 일도 실제로 해보면 그렇게 힘들지 않다. 날마다 농사짓거나 건설현장에서 노동하는 것보다 훨씬 쉬운 일이다. 일정 중간중간 퇴계 선생의 삶을 조명하는 강연회와 시낭송회도 10여 차례 진행했는데, 걷기를 끝내고 저녁에 이런 문화행사를 진행하는 것이 고

단한 일로 비칠 수도 있겠으나 참여한 지역민들이 퇴계 선생의 향기 나는 이야기를 듣고 감동하는 것을 보노라면 육체적 피로는 언제 그랬냐는 듯 늘 말끔히 씻겼다.

오히려 개인적으로 이번 일을 추진하면서 고마운 분들을 많이 만나 아주 행복했다. 먼저 이야기하고 싶은 것은 행사를 주관한 '도산서원참공부모임' 회원들의 헌신적인 봉사이다. 퇴계학을 더 깊이 공부하여 퇴계정신을 널리 알리자는 취지에서 2015년 11월부터 두 달에 한 번, 1박 2일로 도산서원에 모여 공부하는 모임의 멤버들인데, 동양철학과 한문학 분야 60대 중·후반 학자들이 주축인 이들은 행사가 발의되자 즉각 호응하여 마치 자기 일처럼 모두 발 벗고 나섰다. 기본계획 수립 단계부터 문헌을 확인하고, 차량과 도보로 여러 차례 사전답사를 하였으며, 각종 자료를 만드는 일에도 적극적이었다. 뿐만 아니라 숙식을 제외한 모든 경비를 각자 부담하였고, 함께 걸으니 행복하다며 강연과 해설도 무료로 봉사하였다.

그런 모습은 바로 행복바이러스로 번져 이들의 가까운 지인들 역시 무료로 강연과 해설을 자청하고 먼 곳도 마다하지 않고 동참해주었다. 여기에는 이름을 대면 모두 알 만한 미술평론가, 칼럼니스트, 화가, 공연운영자들도 들어있다. 이들의 참여로 귀향길 재현행사의 분위기도 한껏 고조되곤 하였다. 또 일정을 함께 한 유명 동양화가 한 분은 멋진 풍경화와 인물화를 채색하여 보내왔

이호신, 〈퇴계 선생 귀향길 재현단〉(한지에 수묵채색, 60×46cm, 2019년)
퇴계의 마지막 귀향 450주년을 맞아 선생이 남긴 정신적 가치를 되새기고자
길을 나섰다. 퇴계의 길을 따라 함께 걸었던 '어진 사람들'의 향기가 봄날
매화향처럼 짙게 퍼져 나갔다.

고, 또 다른 분은 전혀 예상치도 않은 야외 시낭송행사의 설치비용을 자신이 부담하겠다고 먼저 제안하고 관철하였다.

귀향길에 지나는 지방자치단체도 적극 도움의 손을 내밀어 새벽 출발 시간에 행렬을 격려하며 전송한 시장님도 있었고, 평소 사용을 제한하는 정자를 퇴계 선생 귀향길 재현행사의 뜻을 살려 이용할 수 있도록 배려해준 시장님도 있었다. 개막 장소를 기꺼이 빌려주면서 퇴계정신을 배워 실천해야 한다고 환영사를 해준 봉은사 주지 스님과 내년에는 자신도 참여하겠다는 도산서원 인근 용수사 주지 스님에게서 종교의 경계를 넘어 소통과 화합의 한줄

이호신, 〈퇴계 선생의 후학들〉(한지에 수묵, 60×92cm, 2019년)
선생이 지났던 그 길에서 그의 가르침을 곱씹으며 걸었다. 서울에서 도산서원까지 320km의 길은 함께 걷는 이들과 겸손과 배려를 배우고 실천하는 선비정신을 나누는 뜻깊은 여정이었다.

기 희망을 보았다.

끝으로 고마움을 표할 데는 언론이다. 3월 중순의 설명회 이후 일반 참여자가 늘어난 것은 전적으로 "퇴계의 마지막 귀향길 따라 걷는다", "한국의 산티아고 순례길"이라 다루어 준 언론의 열띤 보도 덕분이었다. 이후에도 끝날 때까지 잇따라 보도해준 데 힘입어 일반 참여자가 갈수록 늘어났다. 그 결과 매일 30명~50명이 함께 걸을 수 있게 되었다. 퇴계 선생이 소원한 착한 사람이 많아지는 세상을 그리며 나선 길에 이들 '어진 사람들'의 향기가 봄날 매화 향처럼 짙게 퍼져 나갔다.

퇴계 선생은 일찍이 〈도산십이곡〉 제 3곡에서 순박한 풍속과 사람의 착한 본성에 대한 믿음을 이렇게 읊었다.

순풍이 죽었다 하니 진실로 거짓말이며
인성이 어질다 하니 진실로 옳은 말이니
천하에 허다한 영재를 속여서 무엇하리오

퇴계 귀향길 재현행사에서 어진 분들을 많이 만난 것도 이런 믿음 때문이라는 생각이 든다. 모든 것이 그저 감사할 따름이다.

2부

다시 선비처럼

4차 산업혁명 시대의
선비정신

〰〰

얼마 전 어느 대학으로부터 4차 산업혁명 시대와 선비정신을 주제
로 강연 요청을 받았다. 선비수련 보급에 종사하는 입장에서는 얼
핏 거리감이 느껴지는 주제였지만 기꺼이 수락했다. 4차 산업혁
명 시대에 선비정신이 어떤 의미가 있는지 밝혀야 한다고 여긴 데
에는 두 가지 이유가 있다.

먼저 선비수련원을 찾는 수련생들에게 이 주제를 진솔하게 들
려주어야 한다는 의무감이다. 수련생들은 한결같이 앞으로 이 세
상에서 더 쓰임새 있는 사람이 되려고 찾아온다. 그러므로 그들이
맞이하는 4차 산업혁명 시대에 선비정신이 어떤 의미가 있는지 제
시해주어야겠다는 생각이 있었다.

다음은 필자 또한 4차 산업혁명 시대와 관련한 질문을 자주 받
는다는 점이다. 주변 사람들은 필자에게 앞으로 무슨 일을 해야

살아남을 수 있는지, 또 앞으로의 세상에서 선비정신으로 살아간
다면 낙오되지 않겠는지 등을 묻곤 한다. 이런 이유 때문에 4차 산
업혁명 시대의 특징과 요청되는 인간상 또는 자질, 그리고 이를 위
해 준비해야 할 일과 롤모델 등에 대해 한 번쯤은 살펴볼 요량을
하던 차였다.

4차 산업혁명 시대는 그동안 인류가 맞이했던 이전의 산업혁명
시대와는 사뭇 다르다. 인공지능, 로봇, 사물인터넷, 빅데이터 등
으로 대표되는 4차 산업혁명은 가상성을 갖는 정보기술(IT)과 전
통산업기술의 결합이라는 특징이 있다. 따라서 변화 속도가 매우
빠르고, 삶의 질 또한 놀라울 정도로 향상되고 있다. 첨단의료기
술 덕분에 질병의 진단과 치료가 고효율, 저비용으로 변화하고 있
고 동시통역기술의 발달로 언어장벽도 급격히 무너지고 있다. 하
지만 마냥 좋아하기만 할 일은 아니다. 많은 일자리가 사라질 것
으로 예측되기 때문이다. 일례로, 옥스퍼드대 칼 프레이와 마이클
오즈번 교수는 10~20년 내 미국 총고용의 47%가 위험하다고 진
단한 바 있다. 이런 현상이 미국만의 일이겠는가.

4차 산업혁명 시대에 왜 일자리를 걱정해야 할까? 인간의 성공
방식이 바뀌는 까닭이다. 지금까지 성공적인 삶이란 전문직이 되
거나 공직이나 대기업에 들어가 안정적으로 살아가는 것이었다.
따라서 인간 대 인간의 경쟁에서 이기는 것이 중요했다. 그러나 4

차 산업혁명 시대에는 경쟁자가 바뀐다. 바로 인공지능과 로봇이 경쟁자가 되는 것이다. 이 새로운 경쟁자와는 지식·정보 습득의 양과 속도에서 경쟁이 될 수 없다. 인공지능과 로봇은 블루칼라뿐만 아니라 화이트칼라 영역까지도 급속도로 장악해 들어오고 있다. 상황이 이러하니 앞으로 대부분의 일자리가 이들에게 잠식당하리라는 것은 명약관화하다.

그렇다면 모든 일자리의 운명이 이럴까? 그건 아니다. 전문가들은 4차 산업혁명 시대를 이끌어가는 과학자와 첨단기술 인력은 당연히 필요하다고 하면서 동시에 연예인, 작가, 영화감독, 도예가, 요리사처럼 풍부한 감성과 경험을 필요로 하는 창조적 직업과 프로 스포츠 선수처럼 자동화할 필요가 전혀 없는 직업 그리고 간호사, 미용사 등 사람들이 로봇에 맡기기를 꺼리는 직업들은 앞으로도 살아남을 것이라 예상한다.

이렇게 본다면 4차 산업혁명 시대에 필요한 사람은 두 가지로 정리될 수 있다. 첫째 새로운 가치를 창조하고 혁신 융합하는 신지식인이다. 이런 인재는 주입식 교육으로는 육성하기 어렵다. 질문하고 토론하는 교육방식이 더 효과적이다. 세계 인구의 0.2%에도 미치지 못하는 1,300만 명의 유대인이 노벨상을 20% 이상 받은 것은 하브루타Chavruta라는 질문식 공부법 덕분이다. 본래 유대교 경전인 탈무드를 공부할 때 사용하는 방법이지만 이스라엘의 모든 교육과정에 적용된다. 최근에는 미국도 '거꾸로 교육'이란 이름으로 이를 벤치마킹하고 있다.

둘째, 공감능력을 갖춘 인성 바른 사람이다. 지식과 기술은 인공지능을 장착한 로봇이 인간보다 더 뛰어난 시대가 이미 다가오고 있다. 그러나 인공지능과 로봇이 인간의 따뜻하고 어진 인품을 흉내 내기는 좀처럼 어렵다. 아직까지 이것은 인간만의 고유 능력이다. 따라서 앞으로는 의사나 변호사 같은 고도의 전문직도 고객과 마음을 열고 소통하고 공감해야 환영을 받는다. 공감능력은 인간이 타인에게 가장 원하는 것이지만 로봇이 대신하기는 어려운 능력이다.

그런데 4차 산업혁명 시대에 더 필요한 창의력과 공감능력이 선비정신과 무슨 관계가 있을까? 우선 창의력은 선비의 공부법과 연관된다. 선비는 '널리 배우고(박학博學) 깊이 묻고(심문審問) 신중히 생각하고(신사愼思) 명확하게 분별하고(명변明辯) 독실하게 실천하는(독행篤行) 5단계 공부법(위학지서爲學之序)'을 생활화한 사람이다. 유대인의 하브루타보다 더 깊이 있는 교육방식이다. 일본에서 출간한 《세계 과학·기술사 사전》에 15세기 전반기 세계적인 발명품(62개)의 거의 절반(29개)이 조선에서 발명된 것으로 기록돼 있는데 이것이 당시 교육방법의 우수성을 증명하고 있다.

공감능력도 선비에게서 잘 배울 수 있다. 선비가 평생 실천한 부자유친父子有親, 군신유의君臣有義, 부부유별夫婦有別, 장유유서長幼有序,

98

붕우유신朋友有信의 다섯 가지 윤리(오륜五倫)가 인간과 인간이 올바르게 관계를 맺게 해주는 사회적 규범이라는 사실이 잘 말해준다. 오늘의 현실에 맞게 오륜을 실천한다면 누구와도 좋은 관계를 지속하게 될 것이다.

이와 관련해 1988년 파리에 모인 노벨상 수상자들이 공자를 인류의 가장 위대한 스승으로 선정한 일이 떠오른다. 현대 과학문명의 최고수들이 앞으로 과학이 발전할수록 인류는 공자의 지혜를 배워야 한다고 공언한 것이다. 그런데 공자의 가르침이 곧 유학이고, 이것을 누구보다 열심히 배우고 실천한 사람이 바로 우리 선비가 아니던가.

참선비 퇴계의 삶이 대표적이다. 7남매 중 막내로 태어난 퇴계는 홀어머니 아래에서 불우한 환경을 딛고 스스로의 노력으로 문사철뿐만 아니라 사회과학과 자연과학 분야에서까지 매우 탁월한 지식인이 됐다. 그리고 공감능력이 누구보다 뛰어나 학문과 지위가 높아질수록 더 자신을 낮추고 상대를 존중하는 삶을 살았다. 그가 지금까지도 많은 사람의 존경을 받는 이유다. 4차 산업혁명 시대에 필요한 신지식인, 공감능력을 갖춘 인재가 되기를 꿈꾸는 이에게 퇴계보다 더 적절한 롤모델이 있을까?

혼천의와 혼상.

조선의 과학이 꽃 피던 세종대왕 시절에 발명된 혼천의(渾天儀). 퇴계 선생은 제자 이덕홍에게 혼천의를 만들어 천체를 관측하고 수백 개의 별자리를 확인하여 그리도록 하였다. 그것이 둥근 모양의 혼상(渾象)이다.

유학자인 퇴계선생은 왜 이토록 천문학에 관심을 두었을까? 하늘과 사람은 하나라고 보는 천인합일(天人合一)의 경지 때문이다. 하늘의 이치를 앎으로써 사람의 본성을 깨달을 수 있기에 천문학에 대한 궁리가 이어졌다. ⓒ도산서원 선비문화수련원

"선비정신만이 혼탁한 현대사회에서 중심을 잡고 국가와 민족을 위한 전략을 담보할 수 있다." 이것은 KAIST 미래전략대학원에서 펴낸 〈2019 대한민국 국가미래전략〉이란 보고서의 앞머리에 나오는 말이다.

이보다 3년 앞서 발간한 2016년 보고서에도 "지금 대한민국, 선비정신이 필요하다"고 제시한 바 있다. 국내 최고 과학자 그룹이 30년 후 한국의 미래를 위한 전략보고서를 매년 만들면서 왜 이런 표현들을 담았을까?

제대로 된 국가미래전략보고서는 특정 이념이나 정치 성향에 치우치지 않고 국민과 국가의 관점에서 작성돼야 한다. 선비는 정파나 개인의 이해보다 오로지 대의와 공익을 앞세웠다. 그래서 연구팀은 선비정신으로 보고서 작성에 임했다고 밝히고 있다. 필자는 이러한 표현이 등장하기 시작할 무렵 서울에서 열린 강연회에 참석해 선비정신이 바야흐로 시대정신으로 부각되고 있음을 확인했다. 몇 가지 사례를 들어본다.

그해 1월 6일 인간개발연구원 조찬강연에서 좌장으로 참여한 김진현 세계평화포럼 이사장도 비슷한 말을 했다. 요약하면 이런 내용이다. 그동안 우리는 두 번의 기적을 만들었다. 첫째는 경제 성장과 민주화를 달성해 선진국으로 도약한 유일한 나라가 된, 세계사적으로 유례없는 자랑스러운 기적이다. 둘째는 악성 기적이다. 세계 최고 수준의 자살률과 젊은이들의 자포자기, 급속한 가족 와해, 도처에서 드러나는 불신 사회의 징후들. 요컨대 공동체의 해체가 걷잡을 수 없는 속도와 범위로 전개되고 있는 우리 현실이 그것이다. 이 역시 세계사적으로 드문 기적적 역주행이다. 더 이상 방치할 수 없다. 이제 제3의 기적을 이루어야 한다. 선비정신과 같은 새로운 정신재무장 운동이 답이다.

이날 강연자로 나선 정의화 당시 국회의장도 시대 해법으로 선비정신을 제시했다. 우리 사회가 당면한 모든 문제는 이기심과 물질주의가 근본 원인인데, 이를 극복하기 위해서는 인의예지仁義禮智의 선비정신이 필요하다는 것이다. 그렇게 되면 우리가 바라는 신뢰와 투명, 청렴과 배려의 사회를 만들 수 있다면서, 도중에 필자의 도산서원 선비문화수련원에서의 활동을 사례로 거론하여 무척 송구스러웠다.

앞서 2015년 10월 제 16회 세계지식포럼 기조강연에서 장대환 매경미디어그룹 회장 또한 새로운 시대정신으로 선비정신을 제안했다. 국내외 석학과 각계 지도층이 참석한 자리에서 현재의 약탈적 자본주의를 따뜻한 자본주의로 전환시키기 위해서는 관용과 배려의 선비정신이 필요하다는 지적이었다.

사람은 다르지만 한결같은 현실 진단과 처방을 제시하는 혜안들이다. 우리 사회 지도층 인사들이 선비정신을 해법으로 잇달아 제시하는 까닭은 무엇일까? 무엇보다 우리가 추구하는 현대 문명의 두 축인 자유민주주의와 자본주의가 안고 있는 숙명적 과제와 관련이 있다. 자유민주주의는 개인의 자유를 존중하고 보장한다. 그러나 이는 서로 충돌하기 쉬운 자유다. 따라서 상대를 존중하고 배려하는 관용의 태도가 요청된다. 자본주의 또한 인류 문명에 크게 기여했으나 부익부 빈익빈의 양극화 그늘이 따라온다.

이러한 문제들을 일찍이 겪어 온 서양에서는 나름의 윤리적 토대 위에서 지속적으로 해소해왔다. 서양의 자유민주주의 속에는 타인의 권익을 보호하고 상대를 배려하는 법률과 에티켓 문화가 곳곳에 녹아 있다. 또 검약과 절제의 청교도 윤리를 선양하고 높은 신분, 많은 재산 등의 혜택을 누리는 사람의 도덕적 책무(노블레스

오블리주, noblesse oblige)를 강조함으로써 자본주의에 늘 생명력을 불어넣었다.

그러나 우리는 그렇지 못했다. 세계사의 변화 과정에 한동안 뒤처지면서 모든 것을 잃어버리고 식민의 나락으로 떨어졌고, 그렇게 황폐화된 토양 위에 자유민주주의와 자본주의가 이식됐다. 그 결과 놀라운 발전을 이루며 풍요와 자유는 달성했으나 너무 많은 부작용을 낳았다. 자유민주주의는 부모, 형제조차 아랑곳하지 않고 자신의 자유와 권리만 주장하는 이기주의로 변질됐고, 자본주의는 청부淸富가 아닌 물질만능의 배금주의를 양산했다.

이제 모두를 불행하게 하고, 모든 것을 끝장나게 할 수도 있는 이런 역주행을 멈추어야 한다. 그리고 겸양과 배려에 기반을 둔 조화와 공생의 길로 나서야 한다. 우리 조상들이 가난 속에서도 화목하고 예의 바르게 살 수 있었던 바로 그 길이다. 그 바탕에 선비정신이 있다. 이것이 오늘의 지도층들이 '선비'를 다시 주목하는 이유다. 반가운 현상이 아닐 수 없다.

우연히 마주친 젊은 스승

얼마 전 필자는 모처럼 '살맛나는 세상'을 경험했다. 선비문화수련원 일로 주로 안동에 기거하던 차에 며칠 동안의 서울 나들이 일정이 생겼다. 이참에 미뤄두었던 은행일도 볼 생각에 양복 상의 안주머니에 통장과 도장을 챙기고 상경했다. 그런데 다른 일정에 밀려 이틀이 지나서야 은행에 들렀더니 아뿔싸 호주머니에 그것들이 없지 않은가? 차 속에도 서울 집에도 보이지 않았고 안동으로 내려와 숙소를 뒤져봐도 역시 눈에 띄지 않았다.

나이가 들면서 물건을 잃어버리는 일이 잦긴 했지만 분실물의 내용상 이번은 그냥 지나칠 수 없어 일단 분실신고를 하고, 상의를 벗어놓으면서 흘렸을 것으로 짐작되는 장소들을 찾아 나섰다. 먼저 들른 강북의 유명한 냉면집에서는 보관된 것이 없다는 대답이 돌아왔다. 이어 다음 행선지였던 강남의 대형 커피숍으로 발길을 옮겼다.

이미 닷새가 지났기에 큰 기대는 하지 않았다. 그래도 혹시나 하는 마음에 처음 눈이 마주친 여직원에게 며칠 전 여기서 통장을 분실한 것 같은데 보관된 것이 없느냐고 물었다. 그러자 직원은 대뜸 며칠이냐고 되물었다. 닷새 전 수요일 오후 2시 전후였다고 했더니 아무 말도 하지 않고 안으로 들어갔다가 잠시 후 바로 그 통장과 도장을 가지고 나오면서 확인을 부탁하는 것이 아닌가. 필자의 것이 맞다고 했더니 두말하지 않고 전자서명란에 서명을 하란다. 물건을 찾은 것도 기쁜 일이지만 그보다 그녀의 행동이 너무 바르고 한 점 구김도 없어 더욱 희열이 느껴졌다.

필자는 11년이 넘게 안동 도산의 선비수련원에서 머물고 있다. 왜인가? 현재는 비록 미약하지만 선비수련 활동을 꾸준히 보급하다보면 언젠가 참선비처럼 올곧게 살아가고 퇴계 선생처럼 상대를 보듬고 배려하며 살아가는 사람들이 많아질 날이 올 것이라 믿기 때문이다. 그런데 바로 그것이 실천되고 있는 현장에 서 있다고 생각하니 어찌 가슴이 뛰지 않을 수 있었겠는가?

그냥은 도저히 나올 수 없어 즉석에서 적은 액수의 사례금을 내밀었다. 하지만 그 직원은 받으면 안 된다면서 정중히 사절하였다. 내민 손이 부끄럽기도 하여 옆에 있는 같은 또래 동료에게 건네려 하자 그녀 역시 마음으로만 받겠다며 미소로 사양하였다. 그 자리에서는 더 이상의 사례 표시가 힘들겠다 싶어 할 수 없이 고맙다는 말을 한 번 더 전하고 나왔다.

집에 돌아와 떨어져 지내는 집의 아이들과 상의했더니 피자 같은 걸 보내는 것이 좋겠다고 했다. 직원수와 배달시간을 물어서 보내라기에 그 커피집에 전화를 걸어 뜻을 전했다. 그랬더니 이번에도 마찬가지였다. 손님들로부터 어떤 금품도 받지 않도록 되어 있다는 것이다. 그래도 고마운 분들에게 조그만 감사라도 진정 표하고 싶다 했더니, 그 통장은 손님이 주워서 맡겼을 수도 있으니 자신들에게 부담을 갖지 않아도 된다는 대답이 돌아왔다.

전화를 끊고 나니 필자의 제안이 거부된 당혹감보다 우리 젊은 이들이 힘든 가운데서도 이렇듯 밝고 착하게 살아가는구나 하는 흐뭇함으로 가슴이 더 따뜻해졌다. 분실된 물품은 최대한 주인을 찾아주되 어떤 사례도 받지 않는다는 규칙을 철저히 지키면서 고객의 마음 또한 불편하지 않게 해주는 세심한 언행이 한 치의 오차도 없이 실행되고 있지 않은가?

이런 젊은이들이라면 어떤 사람들처럼 '김영란법'을 교묘하게 피해나갈 삿된 궁리를 할 리 만무하다. 그런 이들을 향해 기성세대가 자신들의 생각과 가치에 맞지 않는다고 비난하고 나무랄 수 있을까? 필자와 같은 기성세대가 명심할 점은 아직 우리의 많은 젊은이들은 이처럼 때 묻지 않았다는 사실이다. 그러니 윗세대가 이제부터라도 해야 할 일은 그들에게 진정으로 도움이 되는 것을 찾아 실천하는 일이어야 할 것이다. 모처럼의 서울 나들이에서 우연히 마주친 젊은 스승들로부터 깨달은 자성이다.

힘내세요, 대한민국 청년들!

나라의 미래인 젊은 세대들의 삶이 너무나 힘들다. 취업과 결혼, 출산까지 다 포기한 3포에 이어 5포, 7포 세대라는 말은 물론, 지옥 같은 대한민국이라는 뜻의 '헬조선'이라는 용어까지 등장한 지 꽤 되었다.

그런데 이들을 더 좌절하게 만드는 것은 그 세대 모두가 힘든 것이 아니라는 점이다. 개인의 능력보다 핏줄과 연줄이 더 힘을 발휘하는 정의롭지 못한 사회구조 때문에 금수저니 흙수저니 하는 말이 버젓이 유행하는 현대판 신분사회에서 대부분의 젊은이들이 자조적으로 살아간다. 이 문제가 이렇듯 심각한 사회이슈로 등장하다 보니 시골에서 선비정신을 되살리려는 일을 하는 필자에게조차 최근 이루어진 몇 차례 언론 인터뷰에서 이것이 단골 질문이 되고 있다.

젊은 세대에게 좀더 가까이 가서 되짚어보자. 기가 찰 노릇이 아니겠는가! 기성세대보다 풍요롭게 태어나 부모와 어른들이 시키는 대로 앞 세대보다 더 많이 공부하면서 열심히 학교를 다녔다. 그 가운데는 공부를 잘한 아이도 있지만 그렇지 못한 아이도 있기 마련이다. 하지만 이와 무관하게 사회에 나오자마자 대부분의 젊은이에게는 출구가 안 보인다. 받아주는 곳이 없기 때문이다. 이에 따라 취업도, 결혼도, 출산도 모두 포기해야 하는 상황으로 바로 내몰린다. 반면에 사회는 계속해서 능력이 아니라 배경이 좋은 사람에게 절대적으로 유리하게 돌아간다. 그 결과, 현실은 금수저만을 위한 세상으로 보일 터이니 그 심정이 어떠하겠는가? 매우 안타까운 일이다. 책임 있는 기성세대의 한 사람으로서 미안함을 넘어 이렇다 할 도움을 주지 못해 무력감까지 느낀다.

오늘의 젊은 세대들에게 닥친 현실이 힘든 것은 분명하다. 그렇지만 문제가 심각할수록 냉정하게 지혜를 모아 현명한 길을 찾아야 한다. 다시 근본으로 돌아가 자신의 처지를 면밀히 살펴서 길을 찾아야 한다. 의료기술이 발전하면서 수명이 점점 길어지는 시대이다. 100세 시대라는 걸 고려하면 젊은 세대는 이제 겨우 인생의 20~30%를 살았을 뿐이다.

앞으로 살아갈 긴 세월을 바라보며 스스로 내면에서 희망의 샘물을 길어 올려야 한다. 역사를 보더라도 흙수저나 그보다 훨씬 불우한 출신으로 꿈을 이룬 사람은 많다. 이런 사례들을 잘 일러주어 희망의 끈을 꽉 쥐게 하는 일은 나이 든 사람들이 마땅히 해야 할 일이다. 몇 가지 예를 들어보자.

아버지, 할아버지가 계시지 않아 사랑방 교육을 받지 못한데다 젊은 나이에 홀로 되어 힘들게 농사일까지 하는 어머니 등에 업혀 자라 겨레의 큰 스승이 된 퇴계 선생. 그는 어머니의 고된 땀 냄새를 맡으면서 자랐기에 남보다 더 성실하고 배려하는 삶을 살았고 지금까지도 만인의 존경을 받고 있다.

어린 나이에 병에 걸려 시각과 청각을 모두 상실한 장애인이 되었음에도 남을 위한 봉사활동에 헌신해 세계인의 존경을 받고 있는 미국의 헬렌 켈러(1880~1968) 여사. 심한 장애를 가졌기 때문에 정말로 행복하게 살고 싶었던 그녀는 봉사야말로 진정한 행복으로 인도하는 길임을 알았다. 그리고 거기에 자신의 평생을 바침으로써 그 경지에 도달할 수 있었다.

일본의 세계적 경영인 마쓰시타 고노스케(1894~1989) 또한 자신의 성공 비결을 11세에 부모를 여의고 초등학교 4학년 학력밖에 안되며 어려서부터 몸이 약했던 점 등의 약점 덕택이라 했다. 일찍 철이 들어 평생 배우려는 자세를 가지고 늘 건강하려 노력하는 계기가 되었기 때문이다.

더 가까운 예는 신순규 선생의 감동적인 성취이다. 미국에서 하버드대 등 명문학교에서 엘리트 코스를 밟고 월가 애널리스트로 크게 활약 중인 그는 9세 때 시력을 완전히 잃은 장애인이다. 하지만 그는 말한다. "장애는 극복 대상이 아니라 장애 덕분에 남과 다른 것을 볼 수 있었다"고.

아무리 처지가 어려울지라도 노력하면 못 이룰 것이 없다는 사례는 동서고금에 얼마든지 더 있다. 그러니 젊은 청년들이여, 가까운 곳에서 내가 잘할 수 있는 일, 무엇보다도 가장 즐겁게 할 수 있는 일을 찾아보자. 그리고 자신을 믿고 지속해 나가자. '진정한 노력은 결코 배반하지 않는다'고 성공한 사람들은 말하지 않는가?

힘든 청춘들이여, 그래도 자신을 믿고 꼭 힘내세요.

겸손과 배려의
선비정신을 익히다

국내 굴지의 초대형 기업에서 신입사원들을 선비문화수련원에 보
내면서 이들이 '갑 의식'을 버릴 수 있게 해달라고 특별주문을 했
다. 수요와 공급의 양 측면에서 우월한 위치에 있는 기업의 위상 때
문에 갑 의식으로 인한 문제가 발생할 여지가 커 직장에 첫발을 딛
는 때부터 바로잡아야 한다고 여긴 듯하다.

 이 기업은 2015년 초부터 신입사원, 간부 등을 잇달아 수련원에
입소시켜 겸손과 배려의 선비정신을 조직문화에 심기 위해 노력
하고 있었다. 그런데 2016년 7월 하순에는 그러한 노력의 일환으
로 무더운 날씨에도 불구하고 회장을 비롯한 사장단이 선비수련
현장에 참여하기도 했다. 거대 기업 최고경영진이 직접 수련에 참
여하고 느낀 바를 구성원들과 공유하려는 자세, 특히 갑 의식을 버
리려는 의지에 절로 머리가 숙여졌다.

거대 기업이 '갑 의식 버리기'를 직원 교육의 주요 과제로 삼고 있다는 사실은 우리 사회에 갑 의식이 얼마나 팽배해 있는가를 단적으로 보여주는 씁쓸한 단면이다. 왜 우리는 갑 의식을 버려야 할까? 공동체가 지속해서 발전하고 국민 개개인이 행복한 삶을 영위하기 위해서 필요할 뿐만 아니라 개인과 회사 입장에서 보더라도 반드시 버려야 한다.

기업에서 갑 의식의 치료책으로 선비수련을 택하는 이유는 도산서원에 모셔진 퇴계 선생의 삶이 갑 의식과는 정반대인 인간 존중 그 자체이기 때문이다. 그 시절 선생은 갑 중에서도 갑의 위치에 있었지만 모든 사람에게 배려와 아낌을 실천했다. 당시 약자였던 집안 여인이나 하인들에게도 한결같이 그들의 입장을 살피고 보듬는 자세를 취했다. 선생은 도산서당 출입문을 낮은 싸리문으로 만들어 찾아오는 관리는 물론 배우러 오는 제자와 후학 할 것 없이 모두 마당까지 나가 맞이하고 배웅했다. 남녀노소를 구분하고 신분을 차별하던 시대에도 그리하였는데 인권 존중의 시대를 사는 우리는 이를 더 실천해야 하지 않겠는가?

90세 가까운 나이에도 불구하고 종택을 방문하는 어린 수련생들에게까지 큰절을 하고 무릎을 꿇고 대화를 나누는 퇴계 선생의 16대 종손 이근필 옹의 모습도 큰 감동을 자아낸다. 이를 보고 수련생들은 자신도 앞으로 남을 공경하고 배려하며 살아가겠다고 다짐하곤 한다. 그곳이 바로 인간 존중의 삶을 직접 눈으로 보고 마음으로 느낄 수 있는 현장인 것이다. 이것이 현대 기업들이 끊임없이 멀리 안동의 도산을 찾는 이유이다.

우리는 현재에도 맥이 이어지는 이 같은 역사 속 '인간 존중의 현장'을 잘 보존해야 한다. 그리하여 개인적으로 선비정신을 익히고 실천하는 것은 물론 사회적으로도 배려와 섬김이 갑 의식의 자리를 대신할 수 있도록 더 많은 사람들에게 그 현장을 안내해야 한다. 이것이 선비수련에 몸담고 있는 사람들의 진정한 역할이라 생각하며 옷깃을 다시 한 번 여민다.

퇴계학과 독립운동　　　　　　　　　　ᄿᄿᄼ

2017년 겨울, 충청지역의 한 방송국에서 경북 안동을 방문했다. '독립운동의 성지를 가다'라는 프로그램 제작을 위해 안동 곳곳을 취재하고 끝으로 도산서원으로 필자를 찾은 것이다. 취재진은 평소 안동의 인상에 대해 퇴계를 배출한 영남학파의 본산답게 뿌리 깊은 유교의 고장이어서 지금까지도 양반 이야기가 많이 남아있는, 조금은 고리타분한 곳이라는 고정관념이 있었다고 말했다. 그런데 안동 지역의 독립운동이 밖으로 알려지고, 특히 2017년 광복절 기념식에서 이 지역 독립운동가의 거룩한 활동이 다시 조명되면서 더욱 관심을 갖게 되었다고 했다.

　그들이 안동을 취재하면서 감동받은 독립운동가는 한둘이 아니었다. 500년 명문가의 종손인 석주石洲 이상룡李相龍 선생(1858~

1932)은 나라를 잃자 독립운동을 위해 전 재산을 팔고 조상의 신주를 땅에 묻고는 분연히 고향을 떠났다. 살을 에는 추운 겨울 일가족을 모두 이끌고 만주로 건너가 독립운동에 헌신하였다. 이에 일제는 종가(임청각臨淸閣) 앞에 철길을 내어 집안의 정기를 끊어버렸다. 아직도 임청각은 반 토막이 난 채로 있는데, 어린 시절을 어렵게 보낸 증손자가 지키고 있다.

'파락호'로 널리 알려진 학봉 종택 김용환金龍煥 종손(1887~1946) 이야기도 기가 막히다. 그는 열 살의 어린 나이에 한말 영남의 대학자였던 조부 서산 김흥락 선생이 의병활동을 지원하다가 일본 순사에게 큰 봉변을 당하는 장면을 보고 충격을 받아 독립운동에 나섰다. 이 과정에서 일제의 종가 감시가 심해지자 독립자금을 의심 없이 마련하기 위해 미치광이 행세를 했다. 처자식도 속이며 노름판에 재산을 탕진하는 파락호破落戶를 자처한 것이다. 종가 재산을 모두 날린 것도 모자라 조상 신주를 세 번이나 저당 잡혔고 사돈댁에서 보낸 무남독녀 외동딸의 혼수 장롱 구입비까지 날렸다. 이 모든 돈이 임시정부의 독립자금으로 보내졌음은 물론이다. 그러면서도 광복 이듬해 이를 알리자는 동지들의 제안에 '응당 할 일을 했을 뿐, 누구에게 알리려고 한 것이 아니다'라는 말을 남기고 숨을 거두었다. 가슴 뭉클한 진정한 선비의 모습이다.

1910년 나라를 잃은 당시 전국에서 70여 명이 자결하였는데, 안동에서만 10명이었다. 24일간의 단식 끝에 순국한 퇴계 선생의 11

안동의 대표적 독립운동가들. 임시정부 초대 국무령 이상룡(좌),
민족저항시인 이육사(우). 안동 지역에서 유난히 많은 독립운동가들이
배출된 이유로 독립 운동가들의 후손은 한결같이 퇴계의 영향을 꼽는다.

대손 향산響山 이만도李晩燾 선생(1842~1910)이 대표적이다. 이런
이야기들을 고개 너머 마을에서 듣고 자란 한 젊은이는 훗날 독립
운동에 투신하여 17번의 옥고를 치르다 끝내 목숨을 조국에 바친
다. 그가 바로 〈청포도〉, 〈광야〉, 〈절정〉을 남기고 간 민족저항시
인 이육사李陸史(1904~1944)이다.

　이 밖에도 헤아릴 수 없이 많다. 인구 17만 명의 안동에 국가서
훈 독립유공자가 359명이다. 인구 1천만의 서울과 비슷한 수치
다. 어떻게 이것이 가능했을까? 취재진은 그것이 궁금해서 후손들
에게 물었다. 그랬더니 한결같이 '퇴계의 영향'이라고 하더란다.
400년 전 퇴계가 어떻게 최근까지 영향을 미칠 수 있었을까? 그 이

유가 궁금해 도산서원을 찾았던 것이다.

퇴계는 인간이 마땅히 가야 하는 올바른 길을 평생 공부하고 또 그것을 실천하였다. 이런 그에 대한 존경심은 아무리 세월이 흘러도 퇴색하기는커녕 더 빛을 발하였다. 평시에는 도덕적인 삶을 살아가도록 이끌고 위기 시에는 공동체를 위해 행동하도록 인도하는 빛이다. 향산 이만도와 이육사는 퇴계의 후손이요, 파락호 독립투사는 퇴계 제자 가문의 종손이자 향산의 손녀사위다. 임청각의 주인을 비롯한 이 지역 독립운동가들은 퇴계가 밝힌 빛 아래서 살아가는 선비공동체의 구성원들이었던 것이다. 대화가 이에 이르자 취재진은 크게 끄덕이며 자리에서 일어났다. 올바른 삶의 길을 인도하는 빛은 시간이 지나도 결코 무뎌지지 않는다는 이치를 되새기며.

용계고택 빈터를 바라보며   〰〰〰

어허, 이 내 신세 괴이하고

이 세상이 어찌된 세상인가 …

아끼던 지팡이 손에 잡고

성근 짚신 둘러맨 후에

사방을 둘러보니

갈 곳이 전혀 없다 …

넓고도 아득한 이 천지간에

어느 곳으로 가잔 말인가

한말 예안 의병장 운포雲圃 이중린李中麟 선생(1838~1917)이 나라 잃은 망국의 한을 노래한 〈입산가入山歌〉의 일부이다. 예안은 퇴계 선생의 고향으로, 지금은 안동에 속해 있다. 운포는 퇴계 선생의

12대 후손인 시골 선비다. 명성황후가 시해되자 의병을 일으켜 일제에 맞섰지만 끝내 나라를 잃었다. 이에 일제가 이른바 은사금으로 회유하려 하자 뿌리치고 집을 떠나며 읊은 우국충정의 시다. 올해가 3·1운동 100주년이기에 더욱 각별하게 다가온다.

독립유공자가 유독 많은 이곳 안동에는 3·1운동과 관련해서도 가슴 뭉클한 이야기가 많이 전해진다. 예안장터에서 앞장서 독립만세를 부르짖다 체포된 김락金洛 여사(1863~1929)의 경우는 특히 애처롭다. 그는 감옥에서도 조국 독립을 외치며 저항하다 시뻘건 인두 고문을 받고 끝내 실명까지 당한 여장부다. 김락 여사의 시아버지가 초대 예안 의병장 향산 이만도 선생이다. 향산은 명성황후 시해 때 예안 의병장으로 추대된 큰 선비로서 경술국치를 당하자 24일간 단식하여 순국한 분이다. 그 시아버지에 그 며느리인 것이다. 이 집안은 아들, 손자까지 3대가 독립운동에 투신하였다. 아름다운 가문이란 이런 것이다.

향산에 이어 2대, 3대, 4대 예안 의병장도 모두 퇴계 가문 출신의 선비들이다. 2대 이중린, 3대 이인화李仁和(1859~1929), 4대 이찬화李燦和(1843~1925)가 그들이다. 이 가운데 〈입산가〉의 주인공 운포는 인근 고을 의병들과 연합의진을 결성하여 상주 태봉의 일본군 병참기지를 공격하였다. 그러나 현격한 화력 차이로 패퇴하여 쫓기게 되었는데, 이를 추격하던 일본군은 안동의 민가 천여 호를 방화하고 급기야는 의병장이 퇴계 후손이라 하여 그의 신주가 모셔진 퇴계 종택까지 불 질렀다. 1896년 4월의 일이다. 이에 행사와 손님이 많은 퇴계 종택은 할 수 없이 운포의 용계고택龍溪古宅을 임시 거처로 삼았다. 쫓기는 와중에도 자신의 의병활동으로 종가가 불타자 죄송스런 마음에 운포가 집을 내놓은 것이다.

퇴계 종택에 대한 일제의 만행은 이후에도 계속되어 10년 후 군대 해산에 저항하여 다시 의병이 일어나자 1907년 10월 남아있던 종택 일부와 정자 추월한수정秋月寒水亭마저 불태웠다. 일본에서도 오랫동안 존경받아 온 퇴계 선생의 종택에 저지른 만행을 개탄하는 내용이 〈대한매일신보〉에 보인다. 그 뒤 퇴계 종택은 30년이 지나서야 옛터 가까이에 복원될 수 있었다. 복원 당시 추월한수정은 선비들의 공적인 공간이라는 상징성을 살려 500여 퇴계 선생제자 집안에서 비용을 분담하였고, 안채와 사랑채의 살림집은 후손이 힘을 모아 지었으며, 자재의 일부는 용계고택을 헐어서 충당하였다. 지금의 퇴계 종택은 약 100년 전에 이렇게 지어졌다. 조상과 스승을 기리는 정신의 결정체이다. 아름답지 않은가.

안동댐 건설로 수몰된 초대 의병장 향산의 고택은 40여 년 전에 안동 시내로 옮겨졌는데, 찾는 이의 발길이 이어지고 있어 다행이

용계고택의 사랑채와 안채 터는 아직 복원되지 못한 채 밭(위)이 되어 있다.
기슭 너머에 복원된 침천정(아래)만이 용계고택의 빈터를 지키고 있다.
ⓒ도산서원 선비문화수련원

다. 3대 이인화 의병장을 배출한 퇴계 넷째 형 온계溫溪 이해李瀣 선생 종가인 삼백당 종택도 100년 넘게 이곳저곳을 떠돌다 정부의 지원으로 2011년 옛터에 새집으로 복원되었다. 4대 이찬화 의병장의 집이며 퇴계 선생 생가인 노송정 종택은 당시 다행히 화마를 피했다. 하지만 2대 이중린 의병장의 용계고택은 정자인 침천정枕泉亭만 몇 해 전 후손들이 복원하였으나 사랑채와 안채 터는 아직까지 허허벌판이어서 안타까움을 자아낸다. 자신의 의병활동 때문에 종택이 불탔다는 책임의식과 선조의 사당을 다시 세우려는 숭고한 마음이 발휘된, 불과 100년 전 역사의 현장이다. 공동체보다 개인의 이해와 안위를 앞세우는 오늘의 우리들에게 커다란 울림을 주는 용계고택의 빈터를 그냥 바라만 볼 것인가.

나라를 지킨
의병장의 신념

~~~

임진왜란 때 왜적과 싸우다 본인은 물론 두 아들과 함께 목숨을 바친 전라도 고경명高敬命(1533~1592) 의병장의 거룩한 애국정신을 다룬 출판기념회에 다녀왔다. 의병장의 당시 활동상을 들으면서 가슴이 먹먹해짐을 느꼈다. 한반도를 둘러싸고 급격하게 전개되는 전쟁과 평화의 냉·온탕식 기류변화를 체험하고 있는 오늘 우리가 역사에서 배워야 할 교훈이 바로 이것이구나 싶었다.

지금부터 420여 년 전 이 땅에서 벌어진 임진왜란 7년 전쟁은 우리 민족에게 혹독한 상처를 안겼다. 일본열도를 통일한 막강한 정예 왜병은 불과 두세 달 만에 조선 땅 대부분을 유린했다. 관군은 제대로 싸워보지도 못하고 무너졌고, 명나라 원군은 얼마 지나서야 일부 지역의 수복 전투에만 참전했다. 충무공의 활약도 주

무대는 바다였다. 이런 와중에 육지 곳곳에서 왜적과 맞서 싸운 것은 의병들이었다.

의병은 누구인가? 대부분 농사를 짓던 민간인이었다. 훈련도 제대로 받지 못했고 무기도 변변치 않았다. 그럼에도 그들은 조총으로 무장한 왜병에 맞서 분연히 일어섰다. 이길 수 있다고 생각해 나섰을까? 그런 판단 이전에 평소 존경하던 향촌의 선비가 의병장으로 앞장서기에 그 결정을 믿고 뒤따랐을 뿐이다. 지도층의 리더십이 저절로 작동한 순간이었다.

고경명 의병장은 당시 60세의 노老선비이자, 전쟁 1년 전 동래부사를 끝으로 고향으로 물러나 글을 읽던 한낱 전직 관료였다. 그런 그가 두 아들과 함께 나라를 위해 목숨 걸고 의병을 일으켰던

고경명 장군 등 5명의 의병을 기리는 포충사.
임진왜란 당시 60세 노선비였던 고경명 의병장은 두 아들과 함께 목숨을 걸고 싸우다 순절하였다. 포충사는 훗날 대원군의 서원 철폐에도 헐리지 않았다. ⓒ문화재청

것이다. 자신과 아들의 몸만 바친 것이 아니고 주위의 수많은 사람을 이끌어 의병으로 일으켰다. 또 무기와 군량도 본인 책임 아래 마련하였다. 나라가 어려우면 떨쳐나서는 것이 선비의 본분이라는 신념이 있었기에 가능했던 일이다. 전쟁의 승패 전망이나 일신의 안위보다 오직 무엇이 옳은지만 행동의 기준으로 삼은 것이다. 자신과 두 아들 그리고 대부분의 의병은 그렇게 차례로 전장으로 나섰고 끝내 순국하였다.

어디 고경명 장군만 그랬던가? 같은 호남의 김천일金千鎰(1537~1593) 의병장이 그랬고, 충청도의 조헌趙憲(1544~1592) 의병장도 700명 의병과 함께 싸우다 장렬히 순절하였다. 경상도의 곽재우郭再祐(1552~1617) 의병장 또한 붉은 갑옷을 입고 신출귀몰해 왜적의 간담을 서늘케 하였다. 이외에도 일일이 다 열거할 수 없을 정도이다.

우리는 흔히 공동체를 위한 지도층의 숭고한 희생정신을 이야기 할 때 서양 상류층의 노블레스 오블리주 정신을 거론한다. 그들은 축적한 부를 사회에 과감히 환원하고 전쟁이 나면 먼저 앞장서는 전통을 부단히 만들어왔다. 그러나 우리 선비들은 그보다 더 나으면 나았지 결코 못지않은 솔선수범의 문화를 일구었다. 궂은 일은 앞서 맞고 즐거운 일은 남에게 먼저 양보하는 선우후락先憂後樂의 정신이 그것이다. 이 때문에 전쟁이 나면 솔선하여 의병을 일으켜 가족과 아랫사람들까지 합류시켰다. 국가 권력 밖에 있는 비정규 조직이기에 무기와 각종 보급품도 스스로 조달했다. 주로 정규군으로 참전한 서양 상류층의 행동과는 결이 다른 거룩한 헌신이 아닐 수 없다.

인류 전쟁사에서 민간인이 주력 부대를 이루면서 전쟁을 전면에서 수행한 나라는 조선 왕조 이외에는 유례가 거의 없다. 조선 왕조 말에도 전국에서 일어난 의병이 온갖 희생을 무릅쓰면서 강력한 일본 정규군과 맞서 치열하게 싸웠다. 승패를 떠나 얼마나 자랑스러운 전통이자 정신문화인가? 오늘을 사는 우리도 나라가 위기에 직면하면 이렇게 할 수 있을까?

우리가 그토록 바라는 한반도의 평화를 지키려면 외교가 매우 중요하다. 하지만 외교에서 성공하려면 상대가 우리를 만만히 볼 수 없도록 힘을 길러야 한다. 나라의 힘은 어떻게 배양되는가? 애국심에 뿌리를 둔 국민의 단결심이 토양이다. 그 토양은 또 무엇인가? 지금까지의 역사가 보여준 대로 지도층의 헌신과 솔선수범이다. 이것이 우리가 역사 속 선비의 의병정신을 오늘에도 되새겨 본받아야 하는 까닭이다.

한반도와 플로리다반도의
차이

선거에서 승리하거나 패배하는 것은 정당과 정치인에게 매우 중요한 의미를 갖는다. 그래서 승리하기 위해 선거 때마다 사생결단으로 임하고 있는 것 같이 보인다. 그런데 나라와 국민 입장에서 생각해보면, 누가 당선되든 어느 정당이 집권하든 국민의 삶이 나아지고 국가적 난제가 잘 풀리는 것을 원한다. 일자리를 얻기가 쉬워지고 나라의 안보가 튼튼해지길 진정 바라고 있다.

이 대목에서 100여 년 전 조선이 떠올랐다. 민생은 도탄에 빠져 민란이 일어나고 열강이 호시탐탐 한반도 조선을 노리던 그때 말이다. 당시 위정자들은 어떻게 대응했는가. 일부 선각자를 제외한 대부분의 지도층은 자기만 잘 살 궁리를 하거나 자기 정파의 이익을 지키는 데 고심했고, 권력을 되찾거나 빼앗는 일에 '올인'했다.

권력의 중심에 있는 시아버지와 며느리 간에도 물불을 가리지 않았으며 사대파와 개화파 역시 친청파, 친일파, 친러파로 갈라져 나라와 백성보다 자신과 자기 정파의 이해에만 골몰했다. 이렇게 눈앞의 이익과 권력을 다투다가 마침내 500년 왕조가 무너졌고, 유구한 역사에 처음으로 국권을 상실하는 치욕을 맛보았다. 이 때문에 오늘의 우리는 당시 지도자들 잘못을 지적하는 데 조금도 주저함이 없다. 그런데 지금 우리 세대가 하는 행동은 어떤가? 훗날 우리의 후세는 우리를 무어라 평가할까?

역사는 되풀이된다. 되풀이되는 역사에서 교훈을 얻는 국가는 지속하고 망각하는 국가는 망한다. 그러면 이 시점에서 우리는 무엇을 추구해야 할까? 다시 역사 속으로 들어가 보자. 구한말 국권을 상실하기 전까지 우리는 반만년 동안 한 번도 나라를 잃지 않았다. 거대한 세계국가인 중국의 바로 옆에서 반도국가로 살면서 온갖 침략과 시달림을 극복하고 고유의 문화를 지켜냈다. 참으로 기적 같은 일이었다. 비근한 예로 우리 한반도와 크기가 비슷한 플로리다반도가 미합중국에 편입되지 않고 독립국가로 발전하려 했다면 가능했을까? 우리 조상들은 이를 가능하게 했다.

그럼 지금부터 200년 전까지만 해도 세계 최강대국(GDP 세계 1위)이었던 중국에 국경이 맞닿아 있으면서도 우리 조상들이 나라를 유지하며 정체성을 잃지 않은 비결은 무엇일까? 군사력이 강했는가? 세종대왕 같은 영명한 리더가 통치를 이어갔는가? 아니다.

답은 바로 그 시대를 이끌던 지도자, 곧 선비들의 리더십이다.

선비정신은 개인이나 소속집단에 매몰된 소아小我적인 이해관계를 떠나 오로지 국가와 백성, 공동체를 위해 솔선하는 대아大我적인 실천이 바탕을 이룬다. 조선 백성들이 선비를 추앙하고 따른 것은 이 때문이다. 나라가 어려울 때 목숨을 걸고 의병을 일으킨 것도 선비였고, 요즘 정치인들이 입으로만 떠드는 민생을 앞서 걱정하며 대책을 세운 것도 선비였다.

선비정신이 있었기에 임진왜란과 병자호란의 수치를 겪었으면서도 다시 일어설 수 있었다. 불행히도 19세기 조선은 이러한 선비정신이 사라진 시대였다. 청백리 선정이 중단되고 세도가문의 전횡 속에 진정한 지도자는 사라져 외세가 아니더라도 망국으로 갈 수밖에 없는 시대였다.

우리는 역사 속에서 교훈을 찾아야 한다. 정치도 국가와 국민을 위해서 존재해야 하고, 정치의 중심에 국가와 국민이 자리 잡아야 한다. 누가 집권하든 어느 정당이 승리하든 당리당략을 벗어나 조선의 선비처럼 오직 대아적 관점에서 국가가 나아갈 중장기 비전과 전략을 세우는 데 힘을 모아야 한다. 이것이 반만년 국체를 보존해준 힘, 선비정신으로부터 우리가 배워야 할 점이며 21세기에도 선비정신이 필요한 까닭이다.

국가흥망을 좌우하는 힘 ᨘᨘᨘ

2017년 3월, 중국의 주자朱子 유적지를 다녀왔다. 사드 문제로 한
중 사이의 긴장이 고조되고 있었으나 할 일은 해야 한다는 평상심
平常心으로 다녀왔다. 퇴계 선생의 선비정신을 세상에 전파하고 있
는 선비문화수련원 자원봉사 어르신 60명과 함께한 수학여행인
셈이었다. 4박 5일에 걸쳐 복건성 무이산에 있는 무이구곡과 무이
정사를 거쳐 강서성 여산廬山 자락 백록동서원을 답사하면서 주자
가 남긴 삶과 학문을 현장감 있게 공부하였다.

  그런데 이번 답사 중 주자 유적지보다 오늘의 우리들에게 더 의
미 있는 역사현장을 찾아보았다. 그것은 백록동서원을 품고 있는
천하명산 여산 정상(해발 약 1,600m) 가까이 있는 담판대談判臺라는
곳이었다. 중국 정부가 최근에 세운 이 담판대의 안내판에는 이렇
게 적혀있어 눈길을 사로잡았다.

마셜과 장개석이 국공합작을 위해 담판을 벌인 담판대. ⓒ도산서원 선비문화수련원

1946년 7월 미국 대통령 특사인 오성장군(원수) 마셜은 여산에 들어와 국공내전을 종식시키고 국공합작을 주선하기 위해 국민당 정부 주석인 장개석을 면담했다. 마셜은 8번이나 찾아와서 이곳에서 장개석과 국공합작을 위한 담판을 벌였다고 한다.

중국 정부가 적장이자 패장인 장개석 총통 관련 유적지를 이처럼 객관적으로 기술하고 있었다. 놀랍기도 하고 부럽기도 했다. 이 마셜 원수는 바로 그 이듬해 국무장관이 되어 마셜플랜을 세워 유럽의 전후 재건을 이끈 바로 그 사람이다.

왜 두 사람은 높은 산 정상에 위치한 이곳에서 담판을 했을까?

이곳에서 바로 한 시간 이내 거리에 장개석 총통의 부인 송미령 소유의 별장이 있었다. 장개석 총통이 1934년부터 대만으로 물러난 1949년까지 여러 해 동안 자주 머물렀다고 한다. 별장에서 협상하다 교착상태에 놓이면 기분전환이 필요하였을 것이고 그럴 때 조망 좋은 이곳 담판대로 장소를 옮겨 협상을 이어갔으리라.

협상 테이블에서는 무엇을 다루었을까? 바로 2차 세계대전 종전으로 일본이 패주 퇴각한 중국대륙의 통치를 둘러싼 문제였다. 중국 공산당과의 합작을 권유하는 미국의 입장과 중국 대륙에서 정권을 오로지하려는 장개석 국민당 정부의 입장 차이를 좁히기 위함이었다. 그러나 차이가 워낙 컸고 쉽사리 좁혀질 수 없어 8차례나 이 산꼭대기까지 찾아왔던 것이다.

결국 미국의 파병 지원을 받지 못한 채 당시 중국의 유일한 합법 정부인 국민당 정부는 경제력과 병력에서 4배가 넘는 절대 우위에도 불구하고 중국 공산당과의 내전에서 패퇴를 거듭하였다. 3년이 지난 1949년 말에는 결국 중국 본토를 송두리째 내놓고 대만으로 물러났다.

이보다 몇 해 후에 일어난 한국전쟁에는 참전한 미국이 어째서 중국 내전에는 미군 파병 등 직접 개입을 하지 않았을까? 미국은 국민당 정부의 군사고문인 마셜 등으로부터 그 정부가 부패·무능하고 결속하지 못한 체제라고 판단했기 때문이다. 내부의 결속이 전제되어야 외부의 지원도 이끌어낼 수 있다는 것은 이처럼 엄연한 사실이다.

한 나라의 흥망성쇠는 경제력이나 병력과 같은 물리적 요인보다 국민의 결속과 단결 등 정신력에 의해 좌우되고 있음을 우리는 그 이후 베트남의 공산화과정에서 또다시 확인하였다.

오늘의 우리들은 어떠한가? 100여 년 전 산업혁명과 제국주의의 팽창 등 세상의 변화에는 눈뜨지 못한 채 편 가르고 싸움하는 데 시간을 허비하다 나라를 송두리째 잃어버린 구한말의 우리 선조들만 비난해서 되겠는가? 촛불과 태극기로 갈라진 골이 더 깊어지고 있다. 이렇게 분열되어서는 안 된다. 국민들을 다시 뭉치게 하는 것보다 더 시급한 일은 없다. 뭉치면 어떻게 되고 갈라서면 또 어떻게 되는지 역사에서 수없이 보았다. 윈스턴 처칠은 "역사를 잊어버린 민족에게 미래란 없다"고 외쳤다. 어떤 영도자가 이 일을 해낼 것인가? 바른 안목을 가져야 바른 길로 이끌 바른 사람이 보인다.

군대에서 인성교육은 매우 중요하다. 그리고 필수적이다. 군은 전투력이 핵심이며, 생명이다. 다른 분야는 실패하면 대체할 수 있다. 이를테면 한 기업이 잘못되면 다른 경쟁기업이 대신할 수 있다. 그러나 군이 단 한군데라도 잘못되어 뚫리면 어떻게 되겠는가? 큰일 난다.

이렇게 중요한 군의 전투력은 무기, 병력과 같은 물리력도 잘 갖추어야 하지만 이보다 군인의 사기, 전우애와 같은 정신력이 더욱 막중한 비중을 차지하고 있음을 세계전쟁사에서 헤아릴 수 없을 정도로 많이 찾아볼 수 있다. 중국 국민당의 패퇴, 자유월남의 패망 등을 보면 너무나 자명하다.

군은 전쟁에 대비하여 평시에 전투력 향상을 위해 늘 준비하고 훈련한다. 이때 정신력을 강화하는 차원에서 인성교육도 철저하게 하여야 한다. 학교와 직장은 학생들의 지식 공부와 직장의 영업활동의 여가를 틈내어 인성교육을 할 수 밖에 없다. 그러나 군은 평시 훈련시간에 인성교육을 강화하면 된다.

인성교육은 말과 글로 하면 별 소용이 없다. 부모가 공부하라고 해서 자식들이 공부하는가? 그보다 자식 보는 앞에서 부모가 책을 읽을 때 자식은 보고 따라한다. 제일 가까운 부모 자식 간에도 이런데 군에서는 더 말할 필요가 없다.

지시나 명령은 일시적으로는 통한다. 그러나 상호신뢰하며 존경과 사랑이 흘러야 전우애가 싹트고 지속적으로 정신전력이 증강된다. 그리고 존경과 사랑이 흘러야 존경받는 상사는 행복하게 살게 되고 사랑받는 부하는 정말 살맛나게 된다. 군대에서 모두가 잘되고 모든 것이 좋아지는 길 그것은 상사의 부하사랑이요, 이것이 최고 인성교육의 출발이다.

중국 CCTV에 들려준
한중 공존의 길

2017년 봄, 중국의 방송매체와 시위대가 연일 사드 배치를 거론하며 강압적으로 나오는 와중에 중국중앙방송(CCTV) 취재팀이 안동 도산서원에 다녀갔다. 〈주자의 길〉 6부작 제작을 위해 우리나라를 찾은 것이다. 중국 남송시대 유학자 주자朱子(1130~1200)의 학문과 사상이 우리나라에 얼마나 영향을 끼쳤으며 지금은 어떻게 남아 있는지를 담기 위해서였다.

그런데 우연히도 취재팀이 찾아오기 바로 전날 밤 필자는 중국의 주자 유적 답사를 마치고 막 귀국한 참이었다. 그 답사를 통해 주자가 공부했던 복건성 무이정사 전시관에 외국인으로서는 유일하게 퇴계의 초상화가 게시되어 있는 것을 알았다. 중국 취재진이 도산서원에 관심이 높은 것도 그런 연유가 아닌가 싶었다. 당시 사드 문제에 대한 중국의 지나친 반응은 유학에서 강조하는 왕도

정치가 아닌 힘에 의존하는 패도정치에 가깝다는 생각도 함께 스쳤다. 이 때문에 좋은 기회라는 생각으로 취재팀을 맞았다.

주자학은 중국보다 우리나라에서 더 오랫동안 영향을 끼쳤다. 중국은 땅이 넓고 왕조 교체와 문화 교류도 빈번해 어떤 종교나 사상이 오랫동안 지배하기 어렵다. 이에 반해 우리나라는 정서에 맞으면 외래사상과 종교라도 오랫동안 뿌리를 내리고 꽃피운 역사를 가지고 있다. 주자학이 우리나라에서 만개할 수 있었던 이유이다. 중국인들이 자국 문화가 전파되었다며 자부심을 표하면서도 한편으로는 부러움을 내비치는 모습을 도산서원에서 종종 목격하게 되는 배경이다.

이번 취재진의 관심도 크게 다르지 않았다. 주자학이 조선에 와서 퇴계에게 어떻게 수용됐으며, 이후 도산서원에서는 어떻게 이어져 왔고, 또 지금은 어떠한 역할을 하고 있는가 하는 문제에 취재진의 질문이 모아졌다.

유학, 특히 주자학이 조선에서 융성·번창한 까닭은 그것이 지향하는 가치에 조선 사람들이 크게 공감할 수 있었기 때문이다. 특히 퇴계는 주자학의 핵심가치를 꿰뚫고 우리나라에 활착시키기 위해 벼슬을 마다하고 도산으로 물러나 《주자서절요朱子書節要》를 편찬하는 등 학문 연마에 전념했다. 주자학의 참가치는 인간이 추구하는 진리를 익혀서 이를 실천하는 데 있다. 모든 사람을 신뢰

하고 보듬는 인간 중심의 인본사상, 나와 다른 사람 나아가 인간과 우주만물이 하나라는 천인합일사상, 그리고 배워 아는 것은 반드시 실천할 것을 요구하는 지행병진知行并進과 좋은 전통을 계승하고 새롭게 창조하는 온고지신溫故知新의 문화가 그것이다.

이러한 가치는 시간적 제약이 있을 수 없다. 따라서 과거에 이를 밝히고 실천한 선현을 연구하고 계승해야 한다. 퇴계도 그래서 주자학을 깊이 공부해 사람다운 삶의 길을 닦아 후세에 전하는 일에 매진했던 것이다. 그리고 그 제자들 또한 퇴계 사후 도산서원을 건립해 스승이 추구한 가치를 계승했다. 오늘날까지 유학이 면면히 이어져오는 것도 이러한 가치 때문이다. 도산서원에서 운영하는 선비문화수련원이 설립된 이후 해마다 수련생이 늘어나는 것도 같은 맥락이다. 중국 취재진은 이 대목에 이르자 매우 부러워했다.

인터뷰를 끝내면서 아껴두었던 말을 던졌다. 퇴계를 비롯해 조선의 많은 선비들이 그토록 주자학을 열심히 공부하고 실천하고 지금도 한국에서 선비정신이 되살아나고 있는 까닭은 유학, 특히 주자학이 추구하는 보편적 가치인 타인에 대한 존중과 이웃에 대한 배려, 즉 선린우호善隣友好의 정신 때문이라고….

사드 배치를 둘러싼 갈등상황에서 유학 발상지인 중국에 우리는 그러한 태도를 기대한다. 그런데 중국이 보여준 대응은 그러한 가르침과 배치되는 것이 아닌가? 눈앞의 이익을 앞세운 불화보다 긴 시야에서 양국이 오랫동안 공유해온 유학적 가치인 상호존중의 지혜를 되찾아야 한다. 이러한 소견이 공중파를 통해 중국에 작은 울림을 주어 양국 간의 갈등을 타개하고 공존의 지혜를 찾는 데 도움이 되기를 기대해본다.

영호남을 잇는
선현의 옛길을 따라

ᨃᨃᨃ

겨우내 움츠렸던 만물이 깨어나는 봄에는 모든 것이 바삐 움직인다. 선현들의 일상도 마찬가지였다. 넓은 실내 공간이 드물던 시절이라 비교적 규모가 큰 행사는 대부분 옥외에서 치러졌는데, 이 때문에 봄으로 접어들면 자연스레 크고 작은 유림의 행사가 잦았다. 향교와 서원에서 선현을 모시고 제사를 올리는 향사享祀가 주로 봄과 가을에 열리는 데에도 이런 배경이 있지 않을까 싶다.

전남 영광에 자리한 이흥서원에서도 전통에 따라 4월 초순 따스한 봄날에 향사가 치러졌다. 이곳은 명신이자 세종대왕과 동서 사이인 강석덕姜碩德(1395~1459)을 비롯하여 두 아들 강희안과 강희맹 그리고 두 손자 강귀손, 강학손 등 조선 초기에 활약한 진주 강씨 다섯 선현을 모신 서원이다. 2018년 봄, 이렇게 훌륭하신 분들을 모시고 있는 이홍서원의 향사에 초헌관^{初獻官}으로 참석하였다. 멀리 안동에 있는 필자가 그런 영예를 누리게 된 데에는 몇 해 전 이 집안 정자인 팔룡정^{八龍亭} 중건 기문을 쓴 것이 인연으로 작용하였다. 필자가 그 기문을 쓴 데에는 안동이 고향인 퇴계 선생과 이 지역 출신인 고봉 기대승 선생과의 인연까지 거슬러 올라간다. 저 유명한 8년여에 걸친 사단칠정 논쟁을 통해 쌓은 두 분의 학문적 우의와 이를 계승한 후손들의 친척 못지않은 교분이, 퇴계를 모신 도산서원의 원장과 고봉이 모셔진 월봉서원 원장을 함께 맡고 있는 필자로 하여금 고봉의 외가인 이곳 팔룡정의 중건 기문을 쓰게 만든 것이다.

모셔진 인물 가운데 인재^{仁齋} 강희안^{姜希顔}(1417~1464)은 세종대왕 때 집현전 학사로서 시와 글씨, 그림에 모두 뛰어나 삼절^{三絶}로 불렸다. 훗날 사육신 사건에 연루되어 죽을 고비를 맞았을 때 같은 처지에 있던 절친한 친구 성삼문이 도리어 나서서 '이러한 인물은 앞으로 나라를 위해 반드시 살려야 한다'며 구명운동을 했을 정도였으니, 그 재목됨을 짐작할 수 있다. 현재 국립박물관에 소장되어 있는 그의 작품〈고사관수도^{高士觀水圖}〉에는 그때 살아남은 한 고결한 선비의 복잡한 심사가 잘 드러나 있다.

또 팔룡정 정자의 주인인 강학손^{姜鶴孫}(1455~1523)은 영남 사림의 영수 점필재 김종직의 제자이다. 이런 연고로 그는 무오사화가 일어나자 전남 영광으로 유배되었다. 훗날 연산군이 쫓겨난 뒤에

강희안, 〈고사관수도〉(종이에 수묵, 23.4×15.7cm, 국립중앙박물관)
세종대왕 때 집현전 학사였던 강희안은 시, 서, 화에 능해 삼절로 불렸다.
강희안은 사육신 사건에 연루되었으나, 성삼문의 구명운동으로 살아남았다.
고결한 선비가 흐르는 물을 바라보며 사색에 잠긴 모습에 복잡한 심사가 드러난다.

다시 선비처럼

조정에서 다시 불렀지만 응하지 않고 유배지인 영광 팔룡촌에 터를 잡음으로써 명문가 입향조入鄕祖가 되어 이 지역과 지금까지 연을 이어오고 있다. 그가 바로 고봉의 외증조부이다.

이 가문과 퇴계와의 인연은 더욱 각별하게 이어진다. 팔룡정의 현손 수은睡隱 강항姜沆(1567~1618)은 정유재란 때 일본에 포로로 붙잡혀 갔다가 풀려 귀국한 선비이다. 수은은 일본에 있을 때 당시 그곳 최고의 승려학자 후지와라 세이카藤原惺窩에게 퇴계학을 전수함으로써 일본 유학의 발전에 큰 영향을 끼쳤다. 후지와라는 그보다 몇 해 전 일본에 사신으로 왔던 퇴계의 제자 학봉鶴峰 김성일金誠一로부터 퇴계학을 들어 어느 정도 알고 있었는데, 수은에게서 다시금 그 정수를 전해 듣고 더욱 감동받은 나머지 승복을 벗고 유학자가 되었다. 그의 영향으로 일본에서 퇴계학이 도쿠가와 막부 시대는 물론 메이지 시대 이후까지도 활발히 연구되고 크게 영향을 끼쳤다고 하니 참으로 기묘한 인연이 아닐 수 없다.

향사를 마치고 돌아오는 길에 경남 산청의 단속사 옛터도 찾았다. 이곳에는 강석덕의 아버지 강회백姜淮伯(1357~1402)이 심은 600년 된 정당매政堂梅가 남아있다. 필자가 들렀을 때에는 매화가 막 떨어져 아쉬웠으나 남은 향기가 가슴에 전해지는 듯했다.

이처럼 우리 선현들은 지역과 이념과 나이 차이를 초월하여 무

엇이 옳은 삶의 길인지를 늘 찾고 실천하였다. 조금만 의견이 다
르면 자기만 옳다고 목소리 높이고 내 편 네 편 가르며 다투는 요
즘 세태와 견주어 볼 때 선현들이 가셨던 그 길이 훨씬 고품격이라
고 생각하며 귀로에 올랐다.

3부

착한 사람들이 만드는 세상

들어야 할 것을 듣고
보아야 할 것을 보다

안동 도산에 머물 때면 필자는 늘 새벽 산책을 즐긴다. 퇴계 종택 뒤편에 자리한 선비문화수련원에서 산 너머 도산서원까지 왕복하는 길이다. 한 시간 반가량 소요되는 5킬로미터쯤 되는 거리이다. 오르내리면서 산중의 상큼한 새벽 공기를 마시며 어둠에서 밝음으로 시시각각 변하는 풍광을 함께하다보니 이제는 그만두기 어려운 생활의 일부가 되어버렸다. 비 오면 비 오는 대로 눈 오면 눈 오는 대로, 자연의 변화를 더욱 가까이 느낄 수 있어 사시사철이 다 좋다. 새벽녘 맑은 공기를 마시는 산책길이 어디 이곳뿐일까마는 그 옛날 퇴계 선생이 거닐던 바로 그 길이기에 의미가 더욱 각별하다.

대학자요 큰 스승인 퇴계는 후세까지 애송되는 2천 3백여 수의 적지 않은 시를 남긴 시인이기도 하다. 자주 거닐던 이곳에서도

착한 사람들이 만드는 세상

자연을 읊고 사람의 도리를 밝히는 여러 편의 시를 남겼다. 시간은 많이 흘렀지만 지금도 산책길에서 남긴 시를 읊조리다 보면 선생이 옆에서 인자한 음성으로 들려주는 듯하다.

퇴계가 머물다 떠난 그 현장에 요즈음은 거의 매일 선비수련생들이 찾아오고 있다. 프로그램은 주로 탐방과 체험 중심인데, 일정이 오전 7시경부터 밤 10시경까지 빡빡한 편이다. 새벽 산책은 이보다 빠른 5시경에 시작하니 수련 일정에는 공식적으로 포함시킬 수가 없어 늘 아쉬웠다. 이 좋은 산책을 필자와 수련원 간부들만 즐기니 한편으로는 수련생들에게 미안하다. 퇴계 선생도 '이 즐거운 곳 누구와 함께 그 향기를 맡으리오樂處何人共襲芳'라고 시를 남길 만큼 여러 사람들과 함께하려고 하였다. 그래서 수련생들이 입소할 때마다 새벽 산책을 귀뜸하곤 하는데, 그때마다 제법 많은 분들이 자발적으로 따라나선다. 이들과 퇴계 선생이 남긴 스토리와 시를 나누며 거닐다 보면 자연스레 마음이 가까워진다. 함께 퇴계 선생의 제자가 된 듯한 느낌이다.

먼동이 일찍 밝아오는 요즘 도산서원이 가까워지면 퇴계 선생의 우리말 연시조 〈도산십이곡〉 시비가 더욱 뚜렷이 눈에 들어온다. 시간적 여유를 보아가며 몇 수를 수련생들과 함께 읽곤 한다. 요즘 그릇된 세태에 물들어 살아가는 우리에게 아주 절실하게 다가오는 한 수를 요즘말로 옮겨보자.

수련원에서 도산서원까지 퇴계 선생이 거닐던 길을 왕복하는 새벽 산책.
새벽 산책을 귀띔하면 사시사철 많은 분들이 따라 나선다.
ⓒ도산서원 선비문화수련원

착한 사람들이 만드는 세상

벼락이 산을 깨처도 귀먹은 자 못 듣나니
밝은 해가 하늘 한가운데 떠 있어도 장님은 못 보나니
우리는 귀와 눈 멀쩡한 남자로서 귀먹은 자나 장님 같이는
아니 되리라

이 시조가 품고 있는 메시지는 분명하다. 모름지기 사리판단을
현명하게 잘하며 살아가라는 것이다. 인간은 마땅히 들을 것을 듣
고 볼 것을 보아야한다. 자기가 듣고 싶은 것만 듣고 보고 싶은 것
만 보아서는 안 된다는 것이다. 왜 그렇게 하면 안 될까? 자신의
입장과 이익에만 집착하는 이기적인 삶은 시야가 좁아져 온전한
삶을 살지 못하고 반쪽짜리 삶이기 때문이다. 그렇게 되면 상대방
이나 사람들로부터 존경은커녕 비판만 받기 십상이다. 소통이 될
리 없고 협조도 받을 수 없고 화합도 이룰 수 없다.
　이런 이야기들을 주고받으며 시에 담긴 가르침을 서로 나누다
보면 수련생들 얼굴에 보아야 할 것을 보고 들어야 할 것을 들으면
서 살아가야겠다는 표정이 역력해진다. 그렇게만 하면 매사를 좀
더 넓고 멀리 바라보고 귀담아 경청하는 삶이 가능해질 것이다.
그렇게 되면 요즘 우려하는 '내로남불'도 우리 곁에서 점점 사라질
것이다.

인과 의, 현명하게 사는 법

갑甲과 을乙 사이의 문제가 점점 더 큰 이슈로 불거지고 있다. 조금이라도 우월한 입장에 있다고 생각하는 갑이 상대방인 을의 연령이나 사회적 위상 등은 가리지 않고 함부로 대하는 풍조가 심해지고 있다. 그래서 을은 살아가기가 점점 힘들어지고 가해자인 갑도 언제까지나 온존할 수 없다. 누구를 위해서도 결코 바람직하지 않다. 갑질을 절대로 해서는 안 되는 까닭을 좀더 살펴보자.

첫째, 갑의 개인입장에서 보자. 업무상 갑이라고 해서 업무외적으로도 갑은 아니다. 갑이 함부로 대할 때 을은 어떻게 나올까? 경제적인 이득을 포기하고 바로 덤벼들거나 문제를 제기할 수도 있고 갑보다 더 우월한 슈퍼갑을 동원하여 보복할 수도 있다. 요즈음 갑질논란은 이렇게 해서 터진다. 한편 당장의 경제적 이득을 포기할 수 없어 참는 경우도 있다. 어떻게 하더라도 을이 받은 모욕감과 수치심은 결코 잊을 수가 없다. 을은 갑에 대한 좋지 않은 뒷담화를 퍼트릴 것이다. 아무리 능력이 있다 하더라도 이런 평판을 듣는 갑의 미래가 밝을 수 있겠는가?

둘째, 갑의 회사 입장에서 보자. 갑이 을을 함부로 대하면 그는 언짢은 마음을 갖게 되어 갑의 회사 일을 성심을 다해 하지 않을 것이다. 또 갑의 회사에 대하여 나쁜 소문을 낼 것이다. 소속 직원의 갑질로 인한 회사의 피해가 눈덩이처럼 커지고 있는데 갑질하는 직원을 오래 두겠는가?

그러면 갑은 을을 어떻게 대해야 할까? 해답은 의외로 가까이서 찾을 수 있다. 우리 전통시대 갑의 위치에 있던 선비가 실천한 인仁과 의義의 태도이다. 선비들은 매사 모든 사람에게 인과 의를 실천하였기에 그들이 이끄는 왕조를 500년이나 이끌면서 유지시키면서 동방예의지국이라 칭송받기까지 하였다. 퇴계 선생도 신분고하에 관계없이 모든 이를 소중하고 어질게 대했다. 아랫사람을 함부로 대하기 쉬웠던 신분사회에서 이러하였기에 인권을 존중해야하는 이 시대에 더욱 머리가 숙여진다.

자, 그러면 선비처럼 실천해보자. 먼저 갑은 을을 언제나 어진마음(인仁), 아끼는 마음으로 이렇게 말해보자. '연세도 있으신데 수고하신다', '젊은 사람이 첫 직장에서 일하느라 어려움이 많겠다', '내가 좀더 도와주어야겠다' ….

그러면 을의 마음이 어떻겠나? 모처럼 갑으로부터 인간적인 대우를 받는다고 기뻐하게 마련이다. 그리고 일을 하면서는 어느 것이 올바른 길인지 사리를 분별하여 처신(의義)하게 되는 것이다. 자신을 인간적으로 존중하면서 업무는 올바로 처리해주니 갑이 한없이 고마울 수밖에 없을 것이다. 갑의 회사도 자연히 성과는 늘어나고 위상은 높아질 것이다.

갑이 이처럼 인품을 갖추고 처신하게 되면 처지가 바뀌어 자신이 을이 되었을 때도 역할을 잘 하게 될 것이다. 그러면 자신의 갑으로부터 더욱 사랑받고 좋은 성과도 가져올 것이다. 갑과 을이 선비처럼 인과 의를 실천하니 이 아니 좋은가?

당근과 채찍을 넘어서

모든 일은 어떤 사람이 그 자리에서 하느냐에 따라 성패가 좌우된다. 여럿이 모여서 일을 하는 경우에는 어떤 리더가 이끄느냐에 따라 결과가 크게 달라지게 마련이다. 국가의 흥망도, 기업의 성쇠도, 집안의 부침도 여기에 직결돼 있음을 우리는 잘 알고 있다. 급변하는 현대사회에 와서는 불안해하는 구성원의 힘을 한데 모으는 리더의 역할이 더욱 중요해지고 있다.

4차 산업혁명 시대를 맞는 기업의 CEO들은 더욱 그렇다. 문제는 어떻게 구성원의 힘을 한데 모으느냐. 리더는 스스로의 역량으로 모든 걸 해결하기보다 많은 수의 구성원들의 능력을 극대화하도록 이끌어내야 한다. 이를 위해 당근과 채찍이 예부터 유력한 수단으로 이용돼 왔지만 이러한 물리력과 금력은 오래 지속하기 어렵다. 동물을 길들일 때의 방식을 가지고는 인간의 마음을 언제까지나 움직일 수 없다. 그러니 구성원들이 리더를 존경하며 자발적으로 따라오도록 하는 길을 진지하게 찾아야 한다.

현대경영학에서는 21세기 가장 바람직한 리더십으로 서번트리더십servant leadership을 제시한다. 리더가 아랫사람들을 섬기듯 대하라는 것이다. 맞는 말이지만 상명하복과 위계를 중시해오던 한국 조직, 한국 기업문화에 그대로 적용하기에는 어려운 측면도 있다. 한국인은 우리 DNA에 맞는 사고방식과 그에 맞는 리더십을 찾아 실천할 필요가 있다.

우리의 전통적 리더십은 결코 권위만 내세우고 아랫사람을 가볍게 여기는 게 아니었다. 전통사회의 리더, 선비들이 동양의 고전에서 찾아 공부하고 실천함으로써 존경받았던 길이 있다. 그 길을 되찾아야 한다.

먼저 그들이 공부하고 실천한 유학의 밑바탕에는 '나와 상대는 하나다'라는 물아일체의 수평적 사고가 자리하고 있다. 상대가 누구든지 나와 하나라는 정신이다. 나에게 내가 가장 소중하듯 상대에게는 자기 자신이 제일 소중하다. 내가 아무리 조직의 리더라고 해도 어찌 아랫사람을 존중하지 않을 수 있겠는가? 상대 존중은 처세의 방편이나 실적 올리기를 위한 편의적인 수단이 결코 아니다. 누구나 존중하지 않으면 안 된다는 동양적인 진리의 실천이다. 세대 갈등의 골이 깊어지는 요즘 더 절실히 요청된다.

리더가 먼저 해야 한다. 공자는 "리더가 바르면 누가 감히 바르지 않을 수 있겠는가子帥以正 孰敢不正"라고 말했다. 좋은 조직문화를 위해서 리더가 먼저 나서야 한다는 의미다. 말로 하지 않고 행동으로 실천해야 한다. 영조 때 명재상인 이태좌李台佐(1660~1739)는 "몸으로 가르치면 따르며, 말로 가르치면 대든다以身教者從 以言教者訟"라고 했다.

도산서원과 선비문화수련원을 찾는 관람객과 수련생들의 마음을 사로잡는 것은 학자 퇴계의 높은 학문이 아니다. 인간 퇴계가 수직적인 위계질서의 사회에서도 나이 어린 제자나 하인에게까지 자신을 낮추고 상대의 입장을 배려하고 보듬은 현장에서 보고 들은 스토리 때문이다.

리더는 궂은일은 먼저 하고 즐거운 일은 나중에 하는 것을 실천하는 것이 가장 효과적이다. 모두가 어려워하는 일은 리더가 먼저 하고 모두가 먼저 즐기려 하는 일은 양보할 때, 상대의 존경심이 샘솟고 생명력 있는 리더십이 활짝 피어난다.

임진왜란 때 관군은 패퇴하고 도망쳤다. 이때 곳곳에서 의병이 일어나 나라를 구하는 데 큰 힘을 보탰다. 의병은 백성이었지만 리더인 의병장은 하나같이 글 읽는 선비였다. 어째서 목숨 걸고 이런 일을 했을까? 선비들은 평소 배운 대로 '올바른 길'을 찾아 나섰던 것이고 백성들은 선비들이 보여줬던 '선우후락先憂後樂의 삶'

을 존경하고 따랐던 것이다. 전통시대에는 백성들이 목숨까지 걸고 선비들을 따라나섰는데 오늘날 리더가 아랫사람을 아끼고 선비처럼 솔선한다면 그들도 리더를 존경하며 어디든지 따라나설 것이다.

명문 종가의 아름다운 가풍

어릴 때부터 필자는 여행, 특히 다른 이들과 함께하는 여행을 좋아했다. 안동에서 선비수련원 일에 몰두하며 지내다보니 근래는 해외여행은 고사하고 국내여행 가는 것도 쉽지 않다. 바쁜 현직 때도 틈나면 가족을 비롯한 주변 지인들의 여행을 주선하고 앞장서는 역할을 맡았던 터라 아쉬움이 많다. 이런 필자에게 해외여행을 다녀온 분들이 들려주는 이야기는 간접경험처럼 느껴져 듣는 재미가 쏠쏠하다. 마치 여행책자를 읽거나 풍광 좋은 영상물을 보는 즐거움과 비견할 만하다.

그간의 여행담 중에 귀를 쫑긋 세우게 한 것은 최근에 들은 한 가족의 효도여행 이야기다. 효도가 메말라 가는 세태에 단비 같은 이야기여서 지금도 생각만으로 즐겁다. 행복은 나누면 배가 된다고 했으니 그 즐거움을 독자들과 공유하고 싶다.

안동 한 종가의 출가한 40~50대 딸 넷이 2017년 여름 성수기에 친정부모를 모시고 영국으로 열흘간의 꽤 긴 여행을 다녀왔다. 비용을 아끼려고 일 년 전에 예약을 마쳤다는 알뜰한 이야기도 함께 들었다. 그런데 출가한 딸들이 왜 상당 기간 남편과 자녀는 남겨 두고 친정부모만을 모셨는지 한편으로는 의아했다. 알아보니 바로 전 해에 부모님의 결혼 50주년을 기념하여 전 가족이 일본 여행을 갔었는데 동행한 각자의 가족들을 돌보느라 정작 부모님은 제대로 모시지 못해 죄송했기 때문이란다. 그래서 귀국한 후 깊이 반성하고 다음 여행은 부모님만 모시기로 뜻을 모으고 각자의 가족들에게 양해를 구했다는 것이다. 요즘 보기 드문 미담이다.

이런 일이 가능했던 배경은 무엇일까? 기회가 있어 딸들에게 물었더니 자신들은 단지 자라면서 본 대로 한 것이라 말했다. 이를테면, 어린 시절 아버지가 할아버지를 모시고 중국을 다녀오시는 모습이 그렇게 보기 좋았다는 것이다. 그러면서 부모님이 젊은 시절부터 조부모를 모시고 집안 제사와 찾아오는 손님 접대로 편히 쉴 날이 거의 없이 지냈는데 이제 부모는 연로하고 자신들은 능력이 좀 생겼으니 더 늦기 전에 마땅히 할 도리를 한 것뿐이란다.

지극히 맞는 말이며 당연한 이치이다. 어릴 때부터 부모가 하는 것을 보고 자란 것이 그대로 산교육이 된 것이다. 딸들은 부모가 자신들의 뒷바라지에 앞서 조부모 봉양에 더 신경을 쓰고 여러 대의 제사도 정성껏 받들 뿐 아니라 무시로 찾아오는 그 많은 손님도

학봉 종손 내외와 필자.
학봉 집안에서는 가족뿐만 아니라 길손에게까지 마음을 베푸는 배려의 삶이
오늘날까지 가풍으로 전해진다. 부모의 치사랑을 보고 배운 자녀들은 효를
당연히 자기 삶의 일부로 받아들인다. ⓒ도산서원 선비문화수련원

한결같이 대접하는 것을 보며 자랐다. 이를 통해 동물도 하는 내
리사랑이 아닌 인간만이 할 수 있는 치사랑을 보며 효를 배웠다.
그리고 내 입, 내 식구에 앞서 일가친척, 심지어 지나가는 길손에
게까지 마음을 베푸는 배려의 삶을 배웠다.

딸들이 기억하는 조모의 삶도 마찬가지이다. 작고했을 때 인근
대도시의 조화용 국화가 동이 났다고 할 정도로 평생 베풀며 사신
분이다. 일가친척에게 하나라도 더 싸주었고, 배고픈 이웃을 위해

감자나 고구마를 수확할 때 늘 절반은 밭에 남겨두게 하였다. 증조부 또한 대단한 분으로, 일제강점기에 노름판 파락호 행세를 하며 독립자금을 몰래 보낸 애국지사이다. 이러한 가풍은 500년 동안 집안의 윗대 조상들을 통해 전해 내려온 것이다. 이것이 딸들로 하여금 부모에 대한 효를 자기 삶의 당연한 일부로 여기게 만든 배경이다. 경북 안동에 있는 학봉 종가 딸들의 이야기다.

요즘 우리 사회에서 효가 사라지고 있다. 돈과 시간과 정성을 들여 자녀를 키우는데 왜 그럴까? 물질적인 풍요가 자식을 효자로 만드는 것이 아니다. 말로 가르친다고 되지도 않는다. 효의 본질은 부모가 하는 것을 보고 자식이 그대로 따라 하는 것이다. 그러므로 부모가 먼저 효도하고 형제간에 우애 있는 삶을 살고 다음으로 이웃과 공동체를 위해 도움이 되는 삶을 살아야 한다. 그 길만이 자녀가 효도하게 하는 길이다. 학봉 종가 네 딸의 효도를 보며 다시 한 번 되새겨 보는 교훈이다.

효, 예의지국의 시작 〰️

백발이 성성한 모자의 아름다운 이야기를 담은 다큐멘터리 영화 〈나의 아들, 나의 어머니〉가 주목을 받았다. 필자는 개봉에 앞서 2015년 12월 15일 안동에서 열린 시사회에 초대되는 행운을 누렸는데, 영화를 보는 내내 가슴이 먹먹해 눈물을 주체하기 힘들었다. 중앙일간지를 펴내는 큰 신문사의 간부를 지낸 자식이 고향으로 돌아와 거동이 불편한 모친을 모시고 살아가는, 95세 어머니와 70세 아들의 감동 스토리다.

아들이 바라는 단 한 가지는 어머니와 함께 오래 사는 것이다. 하지만 어머니는 점점 쇠약해져 아들이 봉양한 지 10년째 되는 해 눈을 감는다. 그러자 아들은 어머니의 마지막 모습 앞에서 잘 못 모셔 죄송하다고 어린아이처럼 오열한다. 그는 모친이 돌아가신 지 2년이 지난 뒤 열린 이날 시사회 자리에서도 "어머니에게 제 얼

〈나의 아들, 나의 어머니〉
영화 포스터.

굴을 더 많이 보여드리지 못해서 가슴 아프다"고 울먹이며 어머니를 회상했다. 이 영화의 주 무대는 안동의 수백 년 된 한 종택(예안 이씨 충효당, 보물 제553호)이며 주인공은 그 집안의 16대 노종부와 자제분인 17대 종손이다. 이 시대에 흔치 않은 감동스러운 효행 이야기가 유서 깊은 가문의 종가 어른들 삶 속에서 이어지고 있는 것이다.

비슷한 감동이 또 있다. 시사회 며칠 후 안동의 퇴계 종택에서는 현 종손의 선친 제사가 있었다. 제사를 모시기 위해 아흔을 바라보는 맏따님부터 그해 칠순인 막내아드님에 이르기까지 6남매가 모두 모였다. 이들이 술을 올리면서 소리 내어 흐느끼는데 지켜보는 필자도 눈물이 날 정도였다. 6년 전에 101세로 천수를 누리고 돌아가신 부친에 대한 그리움이 이 정도이니 살아계실 때의 효성은 짐작하고도 남는다.

이런 스토리들이 더욱 그리워지는 것은 역설적으로 우리 사회가 구석구석 너무나 잘못돼가고 있기 때문이다. 심지어 피를 나눈 가족 간에도 패륜적인 일들이 꼬리를 물고 일어나는 게 요즈음의 현실이다. 얼마 전에는 서른 살 난 딸이 육십 넘은 어머니를 간섭한다고 칼로 찔러 중태에 빠뜨렸다는 뉴스가 들렸다. 우리 사회가 얼마나 더 망가져갈지 생각할수록 소름이 돋는다.

우리 앞에 놓인 비정상의 모든 문제들을 한꺼번에 다 해소할 수는 없는 노릇이다. 무엇부터 해야 할까. 우리 모두 힘을 기울여 먼저 효도 문화를 새로 진작할 것을 제안한다. 모든 문제를 엉키게 하는 것도 사람이고 푸는 것도 사람이다. 어떤 사람이냐에 따라 일의 성패와 흥망이 결정된다. 그래서 사람을 기르는 교육이 매우 중요하다.

그러면 어떤 사람으로 교육시켜야 할까. 요즘 부모들이 원하는 공부 잘하는 아이도 필요하지만, 그보다는 타인과 더불어 살아갈 줄 아는 인성 바른 아이로 반드시 키워야 한다. 인성이 바르게 자란 아이는 남들로부터 사랑과 존경을 받게 되고 가정과 사회, 국가 등 공동체에도 꼭 필요한 사람이 된다. 선장부터 탈출했던 세월호와 연약한 여자와 아이들부터 대피시킨 영국 해군 수송선 버큰헤드호의 차이도 인성의 차이에서 발생했다. 인성교육이 무엇보다 중요한 이유다.

그렇다면 인성을 갖춘 아이는 또 어떻게 키울 수 있을까. 태어나서 맨 먼저 만나는 타인인 부모의 은혜에 대한 보답인 효도부터 가르쳐야 한다. 세상에서 자신에게 가장 큰 은혜를 베푼 부모에게 효도를 못하는 사람은 다른 어떤 사람과도 진정성 있게 더불어 살아갈 수 없지 않겠는가.

그러면 또 효도는 어떻게 가르쳐야 가장 좋을까. 세 살 버릇 여든까지 간다고 했다. 세 살 때 글을 알겠는가, 말을 알아듣겠는가. 오직 보고 따라 흉내 낼 뿐이다. 그러니 백 마디 말보다 아이 앞에서 스스로 부모(아이의 조부모)에게 효도를 행하는 모습을 보여주는 것이 가장 확실한 방법이다. 아이 손을 잡고 부모님을 찾아뵙고 효를 주제로 한 영화도 보고 효도로 이름난 명문 고택으로 여행도 다녀보길 권한다. 개개인의 효도에서 시작된 조그만 행복들이 모여서 세계 제일 예의지국 대한민국이 되었으면 좋겠다.

번창하는 가문의 비밀

백부와 숙부는 형제의 자식을 자기 자식처럼 여기고 형제의 자식은 백부와 숙부를 친아버지처럼 여기며, 사촌 형제를 친형제처럼 서로 사랑하여 혹 어떤 사람이 와서 열흘을 지나도 누가 누구의 아버지이고 누가 누구의 자식인지를 끝내 알지 못하게 될 정도가 되어야 번창하는 가문의 기상이라고 할 수 있다.

얼마 전 국립민속박물관이 개최한 '하피첩, 부모의 향기로운 은택' 특별전에서 눈을 사로잡은 글귀이다. 십 년째 홀로 전라도 강진 땅에서 귀양살이를 하던 다산 정약용 선생이 멀리서 가정을 이룬 두 아들에게 보낸 가르침이다. 부인이 시집올 때 입었던 빛바랜 치마를 보내오자 다산이 이를 직접 잘라 만든 작은 서책, 《하피첩》 (보물 제 1,683-2호) 속에 쓰여 있는 문장 첫머리에 들어 있다.

다산은 왜 당시 유교사회의 근본 덕목인 효도와 우애, 즉 효^孝와 제^悌보다 삼촌과 조카(숙질), 사촌(종형제) 간의 친화를 가장 먼저 언급하며 강조하였을까? 그 시절 효제는 너무 당연하여 그런 사람은 "세상에 너무 많아 돈독한 행실의 본보기가 되기에는 부족하다"고 간주했기 때문이다. 그래서 '번창하는 가문'이 되려면 온 집안이 화목해야 하고, 또 그렇게 되려면 내 피붙이만 챙겨서는 안 된다고 본 것이다.

부모 자식 간의 내리사랑과 치사랑 그리고 형제간의 우애는 예나 지금이나 가족을 유지하는 근본이다. 그런데 세월이 흐르면 형제와 자식에게도 처자식이 생기기 마련이고, 그러다보면 자연히 틈이 벌어져 소원해지거나 다툼이 생긴다. 다산도 귀양 올 때 10대 후반이던 두 아들이 20대 후반이 되어 각기 처자식이 생기자 혹 모를 집안의 불화를 미연에 방지하기 위해 조카 사랑을 이처럼 강조한 것이다.

귀양지 강진에 이웃한 해남 땅에 다산의 외가인 600년 명문가 녹우당이 있다. 이 터전을 마련한 어초은 윤효정 선생 역시 자손들 간 형제 우애를 강조하여 "처자식은 옷과 비슷하고 형제간은 손과 발과 같다"고 하면서 "옷은 터지면 수선할 수 있으나 손발은 끊어지면 이을 수가 없다"고 시를 지어 가훈으로 남겼다. 처자식을 가벼이 해도 된다는 뜻이 아니라 형제간 우애 역시 그에 못지않음을 강조하려 한 취지이다.

敬直　義方

勤曰生質
儉以救貧

此這個思念非為目下受寵之方
便雖貴富重天上君子御家
律身之法捨此二字無乃著手
處也此等切須銘刻
庚午菊秋芝子　茶山東菴

病妻寄敝裙千里託
心素歲久紅已褪悵
然念衰暮裁成小書

帖聊寫戒子句庶幾
念二親終身鐫肺腑

嘉慶庚午菊秋之于茶山東菴

다산 정약용의 《하피첩》(보물 제 1,683-2호, 국립민속박물관 소장).
강진에서 귀양살이를 하던 정약용 선생이 부인이 보내온 빛바랜 홍색 치마를 잘라 만든
작은 서첩이다. 경(敬)으로 마음을 바로잡고, 의(義)로 일을 바르게 하라',
'근면함(勤)으로써 재화를 생산하고, 검소함(儉)으로써 가난을 구제하라' 등 아들들에게
당부하는 말을 적었다.
정약용 선생은 하피첩을 만든 사연을 시로 지어 '아들들을 타이르는 글귀를 쓰니
어머니 아버지를 생각하여 평생 가슴속에 새기기를 기대한다'고 썼다.

형제간에 처자식이 생기더라도 사이가 벌어지지 않게 하는 데에는 여성의 역할도 매우 중요하다. 퇴계 선생도 처자식이 생기면 효도가 시들어질 수 있다孝衰於妻子고 우려하는 글을 남겼다. 그래서 갓 결혼한 손자에게 부부간에 서로 공경하도록 가르쳤다. 그래야만 여성이 자신의 자녀 못지않게 시댁 식구들을 잘 보살필 수 있기 때문이다. 존중받는 사람은 반드시 상대를 존중한다는 이치이다.

요즈음에도 형수에 대한 고마움을 잊지 못하는 분들을 자주 만난다. 팔십을 훌쩍 넘긴 연세지만 국내 굴지의 대기업 전문경영인으로 활동하며 문중과 지역으로부터 존경을 받는 류목기 전 대구·경북향우회 회장은 어린 시절 형수의 보살핌을 지금도 어제 일처럼 고마워한다. 70대 후반의 김도현 전 문화체육부 차관 또한 고향에 오면 몇 해 전 작고하신 형수 생각을 지울 수 없어 그 댁에 묵고 간다. 60대 중반의 김주하 전 NH농협은행장은 지금의 자기를 있게 한 고마운 여인 3명으로 어머니, 아내와 함께 학창 시절 학비를 매번 도와준 형수를 빼놓지 않는다.

근래 남보다 못한 형제간의 갈등이 점점 심해지고 있다. 특히, 있는 사람들이 재산 때문에 벌이는 다툼이 심하다. 이를 보고 자란 그 자식들이 어떤 삶을 살 것인지는 너무나 분명하다. 그래서 형제간의 재산 다툼도 대물림되고 있다. 우리 모두 냉철하게 숨 한번 고르고 생각해볼 일이다.

내 자식 못지않게 보듬어야 할 소중한 것이 있다. 그것은 부모와 자신의 형제 그리고 그 자식들에 대한 사랑이다. 우리 선현들은 이것의 중요성을 알고 친족 사랑을 늘 앞서 실천하였다. 역사를 통해 배워야 하는 교훈이다.

추석여행이 씁쓸한 이유

명절에 귀성 대신 해외여행을 가는 사람들이 날로 늘어나고 있다. 2017년 열흘간의 추석 연휴에 고향 대신 해외를 택한 사람들이 당초 예상했던 110만 명을 훌쩍 넘은 역대 최대 규모를 기록했다. 경제가 어렵고 북핵 문제로 안보위기가 어느 때보다 높았는데도 참으로 대단한 국민들이다. 그런데 명절에 누구와 그렇게들 여행을 나갈까? 미루어 짐작건대 부모를 모시고 가는 사람은 드물고 나 홀로이거나 배우자, 자녀와 오붓하게 가는 여행이 훨씬 더 많을 듯하다. 그러면 추석 차례는 또 어떻게 하고 갈까? 아마도 생략하였거나 이른 성묘로 대체했을 것이다.

아무튼, 모처럼 나선 여행이니까 모두 견문을 넓히고 재충전하는 행복한 여정이 되었기를 기원했다. 다만 한 가지, 명절 때 해외여행을 가는 것이 '고향에 살아계신 부모를 뵙지 않아도 되고 돌아가신 조상을 소홀히 해도 된다'는 생각에서 나온 행동은 아니기를 바랐다. 왜냐하면 아무리 세월이 흘러도 변하지 말아야 할 것이 있기 때문이다. 그 가운데 사람답게 사는 도리를 지키는 것이 첫째이고, 또 그중 부모에 대한 효도와 조상에 대한 공경이 가장 먼저다.

효도와 공경은 동물적인 본능이 아니고 문화적 학습에 의해서만 가능하므로 동물은 절대 못 하고 인간만이 할 수 있는, 인간의 제일가는 도리이다. 이 때문에 우리 조상들은 어느 나라보다도 이것을 철저히 가르쳤다. 어린 시절 무릎교육과 밥상머리교육이 그 생생한 출발점이었다. 동방예의지국이라는 우리나라의 별칭도 따지고 보면 여기에 근거한다. 40여 년 전에 방한했던 20세기의 석학 아놀드 토인비(1889~1975)도 우리의 효도문화를 극찬했었다.

이처럼 효도를 강조하는 데에는 명백한 이치가 한둘이 아니다. 먼저, 효도는 나를 낳고 길러준 이 세상의 크나큰 은혜에 보답하는 것이다. 예로부터 효도가 만행萬行의 근본으로 꼽히는 이유이다. 둘째로, 힘 있고 능력 있는 젊은 자식이 쇠약해진 부모를 먼저 보살피는 것은 당연한 이치이다. 어린 자녀만 보살피고 나이 든 부모는 방치한다면 이는 윤리적으로 용인될 수 없음은 물론 약자에 대한 배려를 우선시하는 사회정의의 원칙에도 어긋난다. 셋째, 부모에 대한 효도는 상대방을 아끼고 배려하는 마음을 키워주어 나 자신을 세상에서 존경 받는 사람으로 만든다. 내 입장이 아니라 부모라는 타자의 입장에서 생각하는 행위는 상대에 대한 진정성 있는 존중과 배려를 자연스레 터득하게 하고 더 나아가서는 나라 사랑으로 발전할 수 있게 한다.

끝으로, 노후 행복을 위해서도 효도를 반드시 실천해야 한다. 현재 우리나라 자살률이 OECD 국가 중 가장 높은데, 그 가운데 노인 자살률은 특히 높다. 노인 자살이 거의 없던 나라가 왜 이렇게 되었을까? 몇 해 전 우리나라의 학대 받는 노인들에게 가해자를 물었더니 응답자의 75%가 가족이라고 했단다. 학대 장소를 물었더니 집이라는 답변도 90% 가까이로 나타났다. 효도가 메말라 가는 참으로 안타까운 일이다.

그러면 효도를 어떻게 가르쳐야 할까? 효도교육은 말만으로는 안 된다. 오직 내가 부모에 대한 효도를 몸소 실천함으로써 자녀가 그것을 따라 배우도록 만드는 것이 제일이다. 이런 교육방식은 자녀가 어릴수록 효과가 크다. 이런데도 젊은 날의 처신을 조심하지 않을 수 있겠는가? 살아계신 부모에 대한 효도는 저절로 돌아가신 조상에 대한 공경으로 이어진다.

효도와 공경은 위로는 돌아가신 조상과 부모를 공경하고 숭배하는 가풍을 만들고, 횡적으로는 형제 세대 간에 화목이 넘치는 끈끈한 인간관계로 뭉치게 하며, 아래로는 자라나는 후손들이 효도와 우애를 배우는 산 교육기회를 제공한다. 효도의 형식은 현실에 맞게 바꾸어나갈 수 있다. 다만, 지금 우리가 명심할 것은 눈앞의 편의나 쾌락에 이끌리거나 육체적, 물질적 부담을 회피하려고 가장 소중한 사람다움의 도리를 저버리는 어리석음을 범해서는 안 된다는 점이다. 앞으로는 명절에 해외여행 인파보다 귀성 인파가 더 늘어났다는 뉴스를 듣고 싶다.

YOLO 문화 뒤집어 보기

욜로(YOLO)가 젊은이들 중심으로 우리 사회의 트렌드로 새롭게 떠오르고 있다. 'You Only Live Once'를 줄인 말이다. '당신은 단 한 번 산다'고 직역할 수 있겠다. 인생은 단 한 번뿐이니 지금 이 순간, 현재의 삶을 즐기라는 것이다. 최근에는 영국《옥스퍼드 사전》에도 등재될 정도로 퍼지고 있다고 한다. 이런 붐을 타고 국내에서도 욜로 라이프를 실천하려는 사람들이 늘고 있다.

현재보다 미래를 준비하는 삶이 당연시 되던 우리 사회에 욜로 문화가 등장한 배경은 무엇일까? 무엇보다 미래에 대한 불확실성의 증대에서 찾을 수 있을 듯하다. 빠르게 다가오는 제 4차 산업혁명으로 인공지능이 인간의 일자리를 대부분 대체하게 될 것이란 예측이 대세다. 이러니 미래보다 현재를 붙들려는 풍조가 나타나는 것은 어찌 보면 당연하다. 불확실한 미래 때문에 현재를 희생하지 않으려는 것이다. 하물며 젊은 날 청춘이야 두말해 무엇 하겠는가.

요즘 우리 사회의 현실을 보면 이와 같은 분위기가 이해되는 측면이 있다. 늘 일에만 매달려 있거나 반대로 일자리가 없어 지치는 사람들이 날로 늘어나고 있다. 따라서 이들이 현재의 취미생활을 통해 스트레스를 해소하고 심신의 건강을 돌보면서 활력을 되찾을 수 있다면 이는 매우 바람직한 일이다. 현재 삶의 중요성은 일찍이 러시아의 대문호 톨스토이도 강조한 바 있다. 가장 중요한 때는 지나간 과거나 앞으로 다가올 미래가 아닌 현재이며, 따라서 가장 중요한 일은 현재 하고 있는 일이고 가장 중요한 사람은 현재 함께하는 사람이라는 게 그 요지였다.

그렇더라도 '해야 할 일'보다 '하고 싶은 일'에만 집착하는 삶이 과연 바람직할까? 거기에는 반드시 '의미'에 대한 고려가 가미되어야 한다. 삶은 우리 모두에게 단 한 번 주어진다. 그러므로 의미 있게 살아야 한다.

필자는 도산서원을 찾는 수련생들에게 이 이야기부터 꺼낸다. 왜 지금 우리가 선비정신을 배워서 실천해야 할까? 예나 지금이나 인간에게 제일 소중한 것은 세상에 단 하나뿐인 자신의 삶인데, 그 삶은 한 번뿐이다. 그러면 어떻게 살아야 좋을까? 동서고금의 철인들은 너나없이 '행복한 삶'이 바로 그 답이라 말한다.

행복은 돈, 권력, 명예와 같은 외형적 성취보다 인간관계에 더크게 좌우된다는 데 누구나 동의할 것이다. 인간관계는 자신을 낮추고 상대를 아끼는 겸손과 배려의 태도가 그 성패를 가른다는 점에 대해서도 마찬가지이다. 참선비들은 지금보다 가난하게 살았지만 이를 실천했기에 화목한 가정과 예의바른 사회를 이끌며 존경을 받았다. 우리도 가장 소중한 나 자신의 행복을 위해서 남들로부터 존경받는 인간관계를 만들어야 한다. 그러기 위해서는 선비처럼 겸손과 배려의 삶을 살아야 한다. 선비들에게 배울 점은바로 이것이다.

조상들의 이런 지혜로부터 현재의 욜로 문화를 보완하는 길을찾아보자. 먼저 현재의 즐거움이 미래의 행복으로 반드시 연결되도록 하여야 한다. 인생은 한 번뿐이니 잘못 살았다고 해서 과거로 돌아가서 고쳐 살 수 없다. 그러니 인생 전체로 시야를 넓혀서신중히 판단해야 한다. 더구나 지금은 100세 장수 시대다. 현재나의 취미생활과 씀씀이가 노년까지 미치는 영향을 반드시 생각해야 한다.

다음으로는 나의 즐거움이 다른 사람들의 즐거움으로도 연결될수 있어야 한다. 인간은 사회적 존재이다. 나의 즐거움은 이웃이존중하고 가치 있다고 여길 때 더욱 빛이 난다. 이를테면 그냥 여행을 다니는 것보다는 그 경험을 책으로 남겨 뒤에 가는 사람들의 길잡이가 되도록 한다든지, 현지인들에게 자신의 재능을 살린 봉사활동을 병행한다면 여행의 즐거움은 배가 될 것이다. 진정한 행복은 나의 행복으로 남들도 행복해질 때 찾아온다. 이처럼 현재의 삶은 미래와 부합되고 남들로부터도 축복받는 것이 되어야 한다. 욜로 문화도 마찬가지다.

선현들의 휴머니즘과 페미니즘

선비문화수련원은 다양한 사람이 찾는다. 초등학생부터 대학생, 교사, 공무원, 군인, 기업체 임직원 등 그야말로 갖가지이다. 이들을 수련원으로 모이게 하는 힘은 '퇴계'라는 한 인물이 남긴 향기이다. 사람들은 그 향기에 이끌려 안동의 도산 골짜기를 찾는다.

퇴계 선생 언행록에도 있듯이, 우거진 숲속에 핀 난초가 스스로는 자신의 향기로움을 모르지만 그 향기를 온종일 퍼뜨려 사방을 향기롭게 하는 것과 같은 이치이다. 평생 자신을 낮추고 남을 높이며 산 퇴계 선생의 삶의 향기에 감동받아 수련생들은 자신도 앞으로는 가족과 직장 동료들을 먼저 생각하고 배려하면서 살아가겠다고 결심한다. 그런 가운데 조금은 결이 다른 감동을 안고 가는 이들이 있다. 바로 여성 참가자들이다.

학문적으로나 인격적으로 아무리 위대한 분이더라도 퇴계 선생에 대한 일반인들의 생각은 딱딱한 선비라는 테두리를 넘기 어렵다. 유교에 대해 긍정적이지 않은 우리 사회의 고정관념 속에서 바라보기 때문이리라. 특히, 그 시절 여성을 힘들게 했던 남존여비나 삼종지도와 같은 부정적 관념들 때문에 선생의 삶으로부터 페미니즘적 요소를 발견하리라고는 아예 기대조차 하지 않는다. 그러나 이런 생각은 서원과 종택, 묘소 등 관련 유적에 스며있는 선생의 삶과 직접 대면하는 순간 깨진다.

　선현들 가운데 퇴계 선생만큼 페미니즘적인 성향이 돋보이는 인물도 아주 드물다. 선생의 삶 속에는 여성이 많이 등장한다. 서른셋에 남편을 여의고 막내인 퇴계를 포함해 일곱 남매를 훌륭히 키워낸 어머니 춘천 박 씨, 정신이 온전치 못해 퇴계가 사랑으로 보살폈던 둘째 부인 안동 권 씨, 평소 시아버지에게 수없이 많이 받은 사랑에 보답하기 위해 죽어서도 가까이 모시겠다며 선생 묘소 발치에 묻힌 맏며느리 봉화 금 씨 등이 대표적이다.

　특히, 둘째 부인에 대한 선생의 보살핌은 널리 이야기되고 있다. 그녀는 사화에 얽혀 집안이 풍비박산이 된 일로 어렸을 때 충격을 받아 시집오기 전부터 정신이 온전치 못했다. 장인의 각별한 부탁을 받아들여 이런 장애가 있는 여인을 배필로 맞은 선생은 한 번도 부인을 멀리하거나 타박하지 않고 사별할 때까지 십수 년 동안 지극정성으로 보살피고 배려했다. 제사상의 과일을 먹은 부인이 집안에서 질책을 당하자 한편으로는 두둔하고 한편으로는 타이르며

무마했던 일이라든가, 부인이 해진 흰색 도포에 붉은색 천을 덧대 기웠는데도 개의치 않고 입고 나간 일 등은 널리 알려진 일화이다.

여성을 존중하고 배려했던 퇴계 선생의 모습을 페미니즘적이라고 이야기하는 것은 이것이 단순히 약자에 대한 동정에서 출발한 것이 아니기 때문이다. 이는 무엇보다 선생이 부부관계는 상경여빈相敬如賓, 즉 서로 손님처럼 공경해야 하는 사이라고 한 데에서도 확연히 드러난다.

여성에 대한 선생의 시각이 인격적 동등성에 대한 생각에 뿌리를 두고 있다는 점은 다른 사례들을 통해서도 확인된다. 서울 성균관에서 유학 중이던 맏손자 부부가 아들과 딸을 연년생으로 낳았다. 그러나 맏손부가 젖이 부족하였고 갓 낳은 딸에게 젖을 주지 않을 수 없게 되니 아들을 기르기가 힘들어졌다. 때마침 도산에 계시는 할아버지 퇴계 선생 댁에는 출산한 지 얼마 안 된 하녀 학덕이가 있었다. 그래서 맏손자는 하녀를 서울로 보내달라는 편지를 보냈다.

하지만 맏손자의 청을 들어주면 하녀의 갓난애가 어미와 떨어져 죽게 될 것을 걱정한 퇴계 선생은 '남의 자식을 죽여서 내 자식을 살리는 일은 심히 불가하다殺人子, 以活己子, 甚不可'는 선비들의 필독서 《근사록》의 한 구절을 깨우쳐 주면서 한양에서 유모를 구하거나 암죽을 끓여서 먹이다가 이곳 학덕의 아이가 젖을 떼면 보자는 답장을 보냈다. 이 일로 불행하게도 증손자를 잃는 아픔을 겪어야

했다. 당시에 하녀는 인권은커녕 매매와 상속의 대상이었으며, 주인이 체벌도 할 수 있었다. 따라서 하녀를 보내는 것은 아무 문제도 아니었다. 그럼에도 선생은 신분을 떠나 한 인간으로서 그녀를 배려한 것이다.

페미니즘의 본질은 휴머니즘이다. 그것은 상대적으로 열세인 여성의 지위를 향상시켜 궁극적으로 남녀가 동등하게 대우받는 세상을 꿈꾸기 때문이다. 이 점에서 모든 이들을 성별이나 신분이 아니라 '사람'이라는 동등한 기준으로 대했던 퇴계 선생의 삶의 울림은 500년이 지난 지금에도 되살아난다.

최근 여성 전체를 혐오 대상으로 삼아 공박하는 이른바 '여혐'의 문제처럼 상대를 존중하지 않기에 발생하는 온갖 문제의 해결 방안을 밖에서만 찾기보다 우리 안에서 역사의 큰 스승으로부터 배우려는 노력이 필요하다고 절실히 느낀다.

공자 종손의 몸에 밴
아내 존중

〰

2016년 3월 초, 대만에 사는 공자·맹자 종손 내외와 타이베이시에 있는 식당에서 오찬을 함께했다. 4년 전 두 종손이 퇴계 선생을 모신 안동 도산서원의 봄 제사(춘향春享)에 참석한 것에 대한 답방 성격이었다. 당시 그들은 도산서원 선비문화수련원에서 하룻밤 묵으면서 대학생 특강과 퇴계 선생 기념 정자 제막식에 참여하는 등 인연을 맺었다.

두 종손은 당시 40세 전후의 젊은이들이었다. 이들이 대만에 거주하게 된 것은 조부 때 장개석 정부가 중국 본토에서 철수하면서 고궁박물관의 수많은 보물과 함께 중국 문화의 뿌리인 공자·맹자의 종손도 인간 보물로 예우해 모셨기 때문이다.

오찬장에서 두 종손은 아내들에게 몸에 밴 매너를 보여 마치 다정한 연인과 같았다. 특히, 호주 유학 후 현재 공자 사상 전파에 힘

쓰고 있는 공자 종손은 음식이 나올 때마다 아내 접시에 먼저 놓은 다음 자신의 접시에 담곤 했다.

다른 사람이라면 몰라도 유교를 개창한 공자의 종손이 그렇게 하는 것을 보니 한마디 하지 않을 수 없었다. 한국에서는 유교 전통 때문에 남존여비 문화가 형성됐다고 많은 사람들이 믿고 있음을 전하면서 의견을 구했다. 그러자 공자 종손은 공자와 맹자의 가르침 속에 여성 경시는 없다고 분명히 답했으며, 이에 대해 그의 아내는 물론 맹자 종손 내외도 미소로 화답했다.

그의 말대로 사실 여성을 경시하고 폄하하는 문화는 유학의 본질도 공자의 가르침도 아니다. 유교는 나와 남이 한 몸이라는 물아일체物我一體 사상이 바탕을 이뤄 기본적으로 모든 생명을 존중한다. 특히, 유교 윤리는 자기 가까이에서부터 실천하는 것이 핵심이어서 무엇보다 먼저 배우자가 공경의 대상이다.

퇴계 선생이 살았던 조선 중기까지 사대부가에서 여자는 남자와 거의 동등한 권리와 의무를 행사했다. 재산 분배가 균등했고 부모 제사도 아들딸이 돌아가며 모시는 윤회봉사輪廻奉祀가 일반적이었으며, 딸이 죽으면 외손봉사外孫奉祀라고 해 그 자식인 외손자가 제사를 받들기도 했다. 지금도 수백 년 전 아들이 없어 딸에게 재산을 물려준 먼 외조부모의 제사를 지내는 명문가가 더러 있다. 또 전통 명문가에서는 안방마님의 역할이 한껏 존중받았다. 집안 경제권을 상징하는 곳간 열쇠의 관리가 이들 몫이었다는 것이 이를 잘 보여준다.

여성의 사회활동 제약은 20세기 초까지 서양 선진국에서도 있었다. 그런데 왜 우리나라에서는 유교가 여성을 경시했다는 고정 관념이 자리 잡게 됐을까? 먼저 경제적 이유에서 찾을 수 있다. 한 정된 토지 재산을 모든 자녀가 계속 균분 상속을 받다보니 몫이 너무 세분될 수밖에 없었다. 그래서 조선 후기로 오면서 아들 위주 상속으로 바뀌고, 이는 다시 장자 위주 상속으로 굳어져갔다.

여기에 조선 말기 급격한 신분 변동으로 하층민들의 여성 폄하 사조가 스며든 데다 일제강점기 왜색의 여성 경시 풍조까지 들어와 결정적인 영향을 끼쳤다. 칼싸움만 일삼는 사무라이 문화에서 여성의 존재는 매우 낮을 수밖에 없었다. 우리 드라마 〈겨울연가〉에서 남자 주인공(배용준 역)이 여성을 아끼고 보듬는 것에 일본 여성들이 그토록 열광한 것도 이유가 있는 셈이다.

이제 우리는 모든 사람의 인권이 존중돼야 하는 자유민주주의 사회를 살아가고 있다. 남성들의 잘못된 여성 폄하 풍조는 하루빨리 내쳐야 하고, 젊은 층을 중심으로 싹트고 있는 여성들의 남성 경시 풍조도 사라져야 한다. 그리하여 남성과 여성 모두 서로를 존중하는 '진정한 양성평등사회'로 나아가야 한다. 이것이 우리 전통의 줄기인 유교 문화의 참모습이며 자랑스러운 선비정신의 본질이다.

인술 펼칠 의료계가 되는 길

최근 언론에 무릎과 정강이, 복사뼈까지 시퍼렇게 멍든 다리 사진이 자주 등장한다. 그런데 우려스러운 것은 이런 상처가 불량배들의 난투극이 아니라 고급 전문직인 의사들이 일하는 큰 병원에서 발생한 구타와 폭행의 결과라는 사실이다. 그것도 조직(병원) 내부 상하 간에 벌어진 일이라는 데 심각성이 더 크다. 교수 의사나 선배 전공의가 제자 또는 후배 전공의(1년 과정 인턴과 4년 과정 레지던트)에게 휘두른 개인적인 폭력이나 단체 기합의 과정에서 생긴 상처들인 것이다.

이런 사례는 이미 여러 대학병원에서 두루 행해지고 있는 관행이자 문화인 듯하다. 관련 조사에 의하면 매 맞는 전공의가 20%를 넘고, 이 중 가해자가 내부의 교수와 선배인 경우도 10%에 이른다고 한다. 신체적 가학행위에만 그치지 않는다. 폭언은 훨씬 빈번

하여, 이를 경험한 비율이 70%를 넘는다. 경제적, 정신적 가해도 심각하다. 선배들의 배달음식비를 자비로 대신 지불하고 대가 없이 수시로 불려나와 노력봉사를 한다는 증언과 성희롱으로 고통받는 여성 전공의들의 피해 호소가 잇따른다.

이 지경까지 된 데에는 매를 맞거나 모욕을 당해도 참고 견딜 수밖에 없는 구조가 중심에 있다. 전공의는 의사자격은 취득했지만 온전한 의사가 되려면 추가로 전문의 자격을 획득해야 한다. 그런데 이를 위해서는 전공의 5년 과정을 반드시 거쳐야 한다. 이 과정에서 교수와 선배에게 각종 의료기술도 배우지만 인사평가와 논문지도 역시 전적으로 그들의 손에 의지해야 한다. 따라서 그들의 눈 밖에 나면 병원에서 나갈 각오를 해야 하고 전문의도 포기해야 한다. 대부분의 전공의가 부당한 대우를 참고 견딜 수밖에 없는 이유이다.

이러한 상황을 교수나 선배들이 모를 리 없다. 그런데도 일부는 이를 악용하여 이처럼 심하게 대하고 있는 것이다. 그들은 제자나 후배를 '가르치는' 과정에서 발생하는 우발적인 사건이라고 말한다. 지금 세상에 가르침을 빌미로 이렇게까지 심하게 다루는 경우가 또 있을까? 교수와 선배 전공의들은 제자와 후배들이 스스로 '노예 전공의'라고 자조하는 현실을 '교육'이라는 미명 아래 호도해서는 안 된다.

선진국에 버금가는 의술을 자랑하는 대한민국 병원에서 이런 일이 일어나는 것을 더 이상 방관해서는 안 된다. 우리 사회에 만연한 갑질 문화를 바로잡기 위해서도 사회 상층부 전문직이 모여 있는 병원의 비인간적 관행과 문화를 개선해야 한다. 그런데 논의되는 대책들은 너무 미온적이고 지엽적이다. 사건이 발생한 병원에서는 이미지 추락을 더 신경 쓰며 기껏해야 해당 교수를 정직 조치하는 데 그친다. 이러다 보니 그들이 복직했을 때 문제를 제기한 피해자는 어떻게 될지 오히려 걱정이 앞선다. 감독관청의 개선안도 문제 병원의 지원예산을 줄이거나 수련기관 지정을 취소하겠다는 것이 고작이다.

근본적인 해소책은 이 행위가 생겨난 본질에서 찾아야 한다. 그것은 가해자의 잘못된 '마음가짐'이다. 그러니 그들의 마음부터 바꾸어야 한다. 가해자인 교수와 선배의 입장에서 생각해보자. 제자와 후배는 누구인가? 먼저 가르침의 대상임에는 틀림없다. 하지만 무시해서는 안 되는 또 다른 사실은 그 제자와 후배들이 동료이기도 하다는 점이다. 자신들이 책임지는 의료행위의 성공확률을 높이려면 동료를 인격적으로 대해야 하는 것은 당연하다.

제자와 후배 전공의도 소중한 인격체들이다. 지금은 배우는 수련생이지만 머잖아 사회의 동량이 될 미래의 주인공들이다. 이들의 인격을 존중할 때 그들 또한 교수와 선배를 따르며 더욱 존경할 것이다. 그리고 이런 과정을 통해 습득된 인품을 통해 환자에게도 더욱 성심껏 인술仁術을 베풀 것이다. 이것이 모두가 윈윈 하는 길이다. 생명을 다루는 의료분야에서부터 인간사랑과 상호존중의 문화가 싹터 도덕사회를 앞당기는 밑거름이 되었으면 좋겠다.

퇴계정신 담은 경의 농업

도산서원 선비문화수련원은 후미진 산골에 있다. 이런 곳에 그 옛날의 선비정신을 체험하기 위해 많은 수련생이 찾아오고 있으니 하나같이 모두 고마울 따름이다. 그중에서도 수련원이 위치한 안동에서 찾아오면 더욱 남다른 의미로 맞이한다. '가까이 있는 사람이 기뻐하고 먼 곳에 있는 사람이 찾아온다近者說 遠者來'고 했듯이, 가까운 곳에서 인정을 받는 것이 의미 있기 때문이다.

　마침 안동농협의 전체 임직원이 2018년 10월과 11월 두 달 동안 9차례에 걸쳐 1박 2일씩 수련원을 다녀갔다. 가을수확철의 바쁜 일손을 교대로 잠시 내려놓고 조합원과 고객들에게 더 나은 도움을 줄 수 있는 길을 찾기 위해 선비수련에 참여한 것이다. 그런데 안동농협의 선비수련은 이번이 처음이 아니다. 2010년에도 전 임직원이 5차례에 걸쳐 다녀갔다. 그때 수련을 마친 수련생들이 퇴계 선생께서 평생 실천했던 경敬의 정신을 직장과 가정에서 반드시 실천하겠다고 하던 다짐이 아직도 기억에 새롭다.

퇴계 선생이 평생토록 실천한 '경'의 정신은 무엇인가? 그것은 몸과 마음을 가지런히 하고整齊嚴肅 생각을 한데 모아 흩뜨리지 않으며主一無適, 늘 깨어있는常惺惺 자세로 모두를 배려하고 존중하는 것이다. 당시 안동농협은 수련을 마치자마자 곧바로 이것을 자신들이 종사하는 농업과 결합시켜 '경의 농업'을 경영이념으로 내세워 실천하기 시작하였다.

이들이 실천하는 '경의 농업'은 "내 부모 대하듯 정성을 다해 고객을 대하고", "내 가족이 먹는다 생각하고 농산물을 생산하며", "자연을 아끼고 환경을 보존하자"는 것으로 집약된다. 만인은 나의 형제요 만물은 나의 이웃이라는 퇴계의 가르침을 자신들의 농업과 금융에 그대로 적용하고 실천한 것이다. 이에 대해 이 운동을 앞장서 이끌고 있는 6선의 현 권순협 조합장은 "농업도 돈을 목적으로 하지만 그것이 최우선은 아니다. 먹는 것은 곧 생명과 직결된다. 돈벌이를 위한 과도한 농약 사용은 생명을 경시하는 것이다. 비료와 농약을 줄여 안전한 먹거리를 만드는 인간존중의 마음으로 정성스레 농업을 해나간다면 소비자들도 알아줄 것이다"라며 '경의 농업'에 몰두하는 이유를 밝혔다.

그런데 500년 전 퇴계 선생의 가르침을 21세기 오늘의 현실에 맞추어 실천하기란 결코 쉬운 과제가 아니다. 그래서 안동농협은 구체적인 방안을 마련하기 위해 임직원들이 책도 많이 읽고 각종 모임도 가지는 등 그동안 각고의 힘을 기울였다. 그렇게 노력한 결과 안동농협은 이후 농민조합원과 소비자, 고객들의 큰 호응을 받아 종합업무 평가에서 전국 단위농협 1,100여 개 중 최우수 조합상을 6번이나 수상하였다. 여기에 지난해에는 처음 제정된 윤리경영대상까지 수상하였다. 경의 농업으로 한 번 받기도 어려운 상을 휩쓸면서 경이적인 금자탑을 쌓아가고 있다.

이렇게 '잘나가는' 기관이 한 단계 더 도약하기 위해 또다시 수련원에 입소하였으니, 그 결정에 경의를 표하지 않을 수 없었다. 다시 입소한 배경에 대해 이들은 '경'에 대한 실천이 한층 완숙해져야 조합원과 고객들에게 더 다가갈 수 있고, 또 이제 겨우 눈을 뜬 새내기들도 확신을 갖고 실천을 해야 하기 때문이라고 하였다.

필자를 비롯한 우리 수련원 가족 모두는 그들의 결연한 자세 앞에 매우 작아지는 것을 느끼지 않을 수 없었다. 그러면서 이분들이 우리에게 배우러 온 것이라기보다 큰 스승 퇴계 선생의 가르침으로부터 배려와 섬김의 '경'을 배우러 왔다는 점을 깊이 인식하고 프로그램 진행에 정성을 다하였다. 이분들과 선비수련을 운영하는 동안 우리 수련원 가족들은 안동농협의 훌륭한 정신을 배우는 교학상장敎學相長의 보람된 시간을 가졌다.

경의 농업 안동농협의 열과 성은 여기서 끝나지 않고 영국 왕실과 인연으로도 이어지고 있다. 1999년 영국 엘리자베스 여왕의 안동 방문 20주년을 기념하기 위해 2019년 5월 중순 안동을 찾아온 앤드루 왕자에게 안동 브랜드 사과 '애이플'을 선보였다. 만족한 앤드루 왕자는 6월 둘째 주 토요일 여왕 생일상에 올리기로 결정하고 안동농협 관계자까지 초대하였다. 한영친선도 굳건해지고 품질 좋은 안동사과, 한국 사과의 세계화도 활짝 열어젖히고 있다. 퇴계 선생이 '경'을 실천하여 역사적인 인물이 된 것처럼 오늘날에도 이를 본받아 실천한다면 누구든 어떤 조직이든 안동농협처럼 자기 분야에서 최고의 위상을 차지하리라 믿는다.

안동농협은 퇴계 선생의 경(敬) 사상을 바탕으로 한 '경의 농업'을 경영이념으로 삼았다. 경의 농업으로 키워낸 안동사과 '애이플'이 2019년 6월 엘리자베스 2세 여왕의 생일 파티에서 여왕에게 전달되었다. 사진은 영국 외교부 참사관에게 안동농협 배광수 이사가 사과를 전달하는 모습. ⓒ안동농협

말로 하는 인권보다
실천하는 인간 존중

ᨆᨆᨆ

별다른 연고도 없던 안동 도산으로 내려와 지낸 지 11년이다. 오랜 기간 경제 관료로 지낸 필자가 이처럼 오래 머물고 있는 것은 퇴계 선생의 고향인 이곳 도산에서 그의 삶과 선비정신의 향기에 흠뻑 젖어들었기 때문이다. 잘 알다시피 퇴계 선생은 조선을 대표하는 큰 학자다. 필자 역시 그렇게 알고 있었다. 그러나 도산에서 마주한 퇴계는 학문보다 더 깊은 울림을 주는 삶을 살아간 참선비였다. 선생은 신분제 사회를 살면서도 사람을 차별하지 않고 존중한 선각자였다. 그가 남긴 아름다운 향기를 인권이 강조되는 이 시대의 많은 사람들과 공유해야겠다는 생각이 필자로 하여금 이곳 선비문화수련원에서 오래 머물게 하였다. 오늘날에도 귀감이 되는 퇴계 선생의 인간 존중 일화 몇 가지를 상기해본다.

장유유서가 강조되던 시대, 노스승 퇴계의 인간 존중은 나이 어

린 제자들에게도 이어졌다. 58세의 당대 최고 학자 퇴계와 갓 벼
슬길에 출사한 26살 아래의 젊은 학자 고봉 기대승(1527~1572)과
는 지위와 나이, 거리, 생각에 큰 차이가 있었다. 그럼에도 불구하
고 8년여 동안 한껏 정성을 담아 쓴 편지를 주고받으며 학문을 논
했다. 바로 그 유명한 '사단칠정 논변'이다. 이를 통해 두 사람은
오히려 학문의 발전을 이루고 서로 매우 존경하고 아끼는 사이가
되었다. 나이를 떠나 학자의 길을 걷는 후배의 의견을 존중하여
자신을 '황滉'이라 낮추고 상대를 '공公'이라 높이며 성실히 답한 퇴
계 선생의 낮춤의 자세가 있었기에 가능한 일이었다.

어느 날 자신을 찾아온 35살이나 어린 청년 율곡 이이에게도 마
찬가지였다. 당시 23살의 율곡을 '공'이라 칭하며 도학을 이어갈
기둥이 되어 달라는 당부와 함께 학문에 대한 토론을 나누었다.
이처럼 퇴계 선생은 어떤 제자에게도 '너'라고 하지 않으며 경청하
고 존중했다.

집안에서도 퇴계 선생의 인간 존중은 한결같았다. 이미 소개했
듯이 선생은 남성우위의 시대를 살면서도 집안 여인들을 매우 아
꼈다. 첫 부인과 사별한 후 맞은 둘째 부인이 정신이 온전치 못하
여 난처한 일을 자주 저질러도 나무라는 일 없이 보듬었고, 맏며느
리에게는 늘 배려 깊은 다정한 시아버지였다.

퇴계 선생은 왜 이토록 모든 사람들을 존중하였을까? 그것은
'너와 나는 하나物我一體'라는, 그가 배운 유학을 실천했기 때문이다.

만인이 한 형제이고 만물이 이웃인데 어찌 인간을 존중하고 자연을 사랑하지 않을 수 있겠는가? 선생은 배워서 아는 것을 그대로 실천하는 지행병진知行竝進의 삶을 위해 노력한 것이다. 지식과 실천이 괴리되어 있는 현대의 지식인과의 큰 차이점이다.

오늘날은 인권 개념이 태동하고, 또 누구나 이를 보장받는 인권 시대다. 인권은 곧 인간 존중이다. 그럼에도 개인의 이기심과 물신주의가 나날이 커져간다. 타인을 사랑하고 존중하기보다는 이해타산으로 상대를 대한다. 그 결과 갑질은 늘어만 간다. 이러한 시대에 가장 먼저 해야 할 일은 상대를 배려하는 것이다. 내가 존중받길 원한다면 먼저 남을 배려할 줄 알아야 한다. 자신이 하기 싫은 것을 남에게 시키지 않는다己所不欲 勿施於人는 뜻이다. 부디 퇴계 선생의 인간 존중을 거울삼아 지도층이 먼저 앞장서 실천하여 모두가 존중하고 존중받는 사회가 되길 바라본다.

칭찬은 고래도 춤추게 한다고 한다. 하지만 요즘 우리 사회는 반대로 가는 듯하다. 남에 대한 험담은 늘어나고 칭찬은 사라지고 있다. 그러면서 한편으로는 '자기 PR(홍보) 시대'라는 말도 있듯이 본인은 칭송받고 돋보이려 한다. 그런데 이 희망이 이루어지기 위해서는 두 가지가 전제되어야 한다. 칭찬받고 싶으면 다른 사람을 먼저 칭찬해야 한다. 또 다른 사람으로부터 칭찬받을 행실도 꾸준히 쌓아가야 한다. 이것이 세상의 이치이다.

그러면 칭찬받을 만한 행실은 어떤 것일까? 참된 마음으로 행하고, 그 마음을 바탕으로 다른 사람을 헤아리는 것이다. 참된 마음으로 다른 사람을 배려해야 한다는 의미다. 근래 접한 사례 하나를 소개한다.

퇴계 종손 이근필 옹에게 편지 한 통이 배달되었다. 며칠 뒤 고등학교 3학년 학생들을 데리고 종택을 방문하기로 한 정년을 앞둔 교사가 보낸 것이었다. 뜯어보니, 2016년도에 학생들과 함께 선비문화수련원에 다녀갔는데 당시 착한 사람이 되기를 권하던 종손의 말씀에 무척 감동받았다면서, 며칠 뒤에도 학생들을 인솔하고 가는데 지난번 말씀과 함께 학생들이 가장 관심 있는 공부에 관한 좋은 이야기도 들려달라는 부탁의 내용이었다. 30분 이상 소요되는 종손의 이야기를 들으려고 퇴계 종택에는 선비수련생과 단체 방문객이 수없이 찾아온다. 그러나 방문 전에 이야기의 내용에 관하여 이렇게 구체적으로 요청하는 경우는 거의 없다. 제자들을 바르게 키우기 위해 정년을 앞두고도 최선을 다하는 선생님의 모습이 떠오른다.

편지를 받은 종손은 무슨 말을 들려줄까 궁리를 거듭하다가 어린 시절부터 절친한 친구였던 포항공대 초대 총장 김호길 박사 (1933~1994)의 이야기를 들려주기로 마음을 정했다. 김 박사는 핵물리학을 전공한 과학자로서 방사광 가속기라는 현대 첨단과학 장비의 세계적인 권위자이면서 사서삼경을 줄줄 외는 전통학문의 최고수이기도 한 분이다.

종손은 김 박사가 어릴 적 퇴계 묘소 아랫마을의 고모 댁에서 지내며 열심히 공부했을 뿐 아니라 구김살 없이 잘 놀기도 하였다는 이야기를 관련 에피소드를 곁들여 전하며, '학생들도 꿈을 버리지 않고 노력하면 오르지 못할 나무는 없다'고 용기와 희망을 불어넣어주었다. 이야기를 듣는 학생들의 눈이 반짝거렸다. 선생님이 미리 보낸 편지의 효과가 나타난 것이다. 구십을 바라보는 종손은 아무리 많은 사람이 찾아와도 기꺼이 수고를 아끼지 않는다. 무슨 대가가 있어서가 아니다. '내 소원은 이 세상에 착한 사람이 많아지는 것'이라고 했던 퇴계 선생의 실천적 삶을 본받아 이어가겠다는 마음 때문이다.

그날 이야기를 끝낸 종손은 기뻐하는 학생들을 대문까지 나와 일일이 송별하면서 뒤따르던 교사에게 나직한 목소리로 "편지를 보내신 선생님이시지요? 편지를 보내 저를 일깨워 주셔서 대단히 감사합니다. 덕분에 김호길 박사의 어린 시절 이야기를 이참에 정리해서 들려줄 수 있었습니다"라며 감사 인사를 건넸다. 그리고는 종손이 한참 힘을 쏟고 있는 도덕재무장 운동의 슬로건인 '허물은 덮어주고 착한 것은 드러내자'는 내용을 담은 목걸이와 친필 글씨 그리고 퇴계 선생 일대기를 담은 책을 전했다.

필자는 이 아름다운 모습이 오가는 현장을 지켜보지는 못했다. 선비수련을 마칠 무렵, 학생들을 인솔했던 바로 그 선생님이 수련원 간부에게 수련 소감을 전하면서 알려지게 된 것이다. 그러다보니 자연스럽게 본인의 편지 이야기도 나올 수밖에 없었는데, 종손의 인품을 칭송하는 과정에서 본의 아니게 자신도 드러나게 된 것

을 쑥스러워하더란다. 남을 드러내어 칭찬하면서도 자신을 드러
내는 것은 조심스러워하는 선비정신의 참모습이 아닐 수 없다. 나
중에 종손에게 확인하니 사실이라며 모처럼 훌륭한 교사를 만나
서 참으로 기뻤다고 했다. 언제 어디서 무슨 일을 하든 꾸준히 칭
찬 받을 행실을 하면서 또 한편으로는 남의 선행을 드러내는 사람
들의 모습이란 이런 것이 아닐까.

허물은 덮고
착한 것은 드러내다

추석 연휴에 하루씩 교대하기로 되어 있는 '도산서원 참 알기 도우미' 해설 봉사활동을 한 분이 자진해서 3일 동안 계속 수고했다는 이야기가 들려 칭찬을 하였다. 그랬더니 그는 "집에 있으나 서원에 있으나 마찬가지여서 나왔을 뿐입니다"라고 하면서 응당 해야 할 일을 했을 따름이라며 겸연쩍어 했다. '도산서원 참 알기 도우미' 활동이란 도산서원 방문객들에게 서원과 퇴계 선생에 대해 좀 더 깊이 알려드리기 위해 2017년 봄부터 주말과 공휴일에 실시하는 해설 자원봉사를 말한다. 주중에 선비문화수련원에서 수련 지도를 하거나 도산서원에서 일을 하는 60대 어르신들 50여 분이 교대로 참여하고 있다.

이런 좋은 취지의 활동에 남도 참여하는데 퇴계 선생의 후손인 자신이 조금 더 하는 것은 너무나 당연한 일이라는 게 그의 겸양의 변이었다. 이 사실을 다른 후손들이 알면 미안해 할 수 있다는 것까지 사려 깊게 고려하는 모습도 비쳐졌다. 자신이 한 일을 자랑하기는커녕 이렇게까지 겸손하다니 요즘 세상에 정말 보기 드문 처신이다. 필자가 이 일을 접하게 된 과정도 아름답다. 본인은 드러내지 않으려 했지만 함께 봉사활동을 한 동료들이 그냥 지날 일이 아니라며 이를 칭찬하였고, 그러다보니 필자의 귀에까지 들리게 된 것이다.

들어서 알게 되니 기분이 좋고, 칭찬을 전하게 되니 더 흐뭇하고, 칭찬을 받고도 겸손해하는 모습을 보니 더더욱 마음이 즐겁다. 필자만 그럴까? 알린 분들도 기분 좋은 목소리로 전했고, 당사자도 알려진 것이 쑥스럽기는 할지언정 굳이 싫기야 했겠는가? 이렇듯 아름다운 행동을 드러내고 칭찬하면 당사자는 물론 모두가 기분이 좋아지고 인간관계도 더욱 가까워진다. 그러니 함께 하는 '도산서원 참 알기 도우미' 활동도 더 잘 되어가고 있다.

하지만 반대로 남의 잘못을 드러내면 상대의 기분이 언짢아지고 나아가 서로 다투게 된다. 없는 데서 남의 흉을 보면 재미는 있을지 몰라도 세상살이 이치로 볼 때 그 사실이 언젠가는 당사자의 귀에 들어가기 마련이고, 그렇게 되면 서로 사이가 나빠져 끝내는 원수가 되고 만다. 이처럼 남의 단점을 지적하거나 흉보기를 일삼는 사람은 아무리 유능하더라도 척을 지는 사람이 점점 많아질 것

은악양선 운동의 상징으로 만든 목걸이. '내로남불' 같은 풍조가
발붙일 수 없는 사회를 만들겠다는 굳은 의지를 담았다.
ⓒ도산서원 선비문화수련원

이니, 끝내 잘될 수가 없다.

요즘 우리는 남을 칭찬하는 모습들을 아주 보기 어렵다. 반면
남을 흉보는 것은 너나없이 습성화되어가는 느낌이다. 매스컴에
등장하는 지도층 인사들도 상대를 칭찬하거나 존중하기보다 나쁘
고 그르다고 몰아세우며 자기만 좋고 옳다는 주장을 되풀이한다.
과연 그럴까? 모든 사람이 자기는 옳고 상대는 틀렸다고 한다면
세상에 옳은 것은 그 사람들 숫자만큼 많아야 한다.

퇴계는 제자들에게 자기주장만 하지 말고 남의 의견을 존중하
라고 늘 타일렀다. "자기를 버리고 타인을 따르지 못하는 것은 배
우는 사람의 큰 병통이다. 천하의 옳은 진리가 무궁한데 어찌 자

기만 옳고 타인은 그르다고 할 수 있으리오不能舍己從人 學者之大病. 天下之義理無窮 豈可是己而非人"라고 한 《언행록》의 가르침이 대표적이다.

퇴계 선생의 이러한 뜻을 이어가기 위해 도산서원 선비문화수련원을 설립한 16대 퇴계 종손은 2018년 6월 남의 허물은 덮어주고 착한 것은 드러내자는 '은악양선隱惡揚善 운동'을 제안하였다. 여기에 동조하는 사람들이 점차 늘어나 2019년 4월 28일 은악양선 실천연합의 창립총회가 열렸다. 현재 회원은 2천 명 수준이지만 앞으로 이 운동이 확산된다면 이른바 '내로남불'은 발붙일 수 없게 되고 우리 사회는 사람을 만날수록 기분 좋고 살맛나는 사회가 될 것이다.

4부
—
길
위
의

아
름
다
운

유
산

길 위의 도산서당

오랜만에 만나는 지인들은 필자의 건강이 예전보다 좋아 보인다고들 말한다. 그러면서 무슨 보약을 먹느냐, 용한 병원에 다니느냐며 비결을 묻곤 한다. 하지만 시골 안동 도산에서 선비수련 일을 11년 넘게 하고 있는 필자에게 그런 일들은 거리가 먼 이야기다. 이따금 성남 분당 집에 있을 때 말고는 주로 수련원 숙소에서 직원, 수련생들과 식사를 같이 하는 처지에 달리 특식을 먹는 것도 아니다. 따라서 젊을 때부터 약골 소리를 듣던 필자가 뒤늦게나마 더 건강했던 지인들에게 이런 이야기를 듣는 것 자체가 정말 감사할 따름이다. 이런 생각에서 필자의 도산 생활을 살짝 털어놓으려한다.

하루 일과는 새벽 5시에 기상해 5시 30분 산책에 나서는 것으로 시작된다. 비가 오나 눈이 오나, 더운 여름이나 추운 겨울이나 한결같다. 새벽 산책 코스는 숙소인 선비문화수련원에서 나지막한 고개 넘어 도산서원까지 왕복하는 5킬로미터 남짓한 산길이다. 한 시간 반가량의 이 새벽 산책길을 필자가 그만둘 수 없는 까닭은 무엇일까?

먼저, 운동 효과가 필자 몸에 딱 맞는다. 산책 코스부터 약 100미터 높이의 오르막과 이어진 내리막, 그리고 평지 길로 3등분 돼있어 배합이 적절하다. 계절에 따라 복장을 달리 하니 흘리는 땀의 양도 비슷하다. 여기에다 팔다리 근력과 심폐기능을 강화할 뿐 아니라, 눈 운동까지 할 수 있다. 잘 다져진 오르막 구간에서 전방의 푸르름을 응시하면서 눈동자를 상하, 좌우, 대각선, 원 그리기로 10분가량 운동하면 눈의 피로도 가시고 몸도 한결 상쾌한 느낌이 든다.

맑고 깨끗한 공기도 빼놓을 수 없다. 산책길은 논밭도 전혀 없는 청정한 숲길이다. 안동 시내에서 칠십 리 떨어져 있고, 조그만 공장도 오십 리 안에는 없다. 이러니 어쩌다 지나가는 차량의 매연도 아주 생경하다. 따라서 분당 집에 머물 때면 도산의 공기에 익숙해져 실내에서 자전거 타기로 운동을 대신하고 있다.

어디 그뿐인가? 도시 생활에서 느끼지 못했던 자연을 그 한가운데에서 만끽한다. 여름에서 초가을로 접어드는 요즘 숙소를 나서면 눈앞에 펼쳐지는 녹색 세계에서 새소리, 풀벌레 소리가 마치 교향악 연주처럼 귓전을 울린다. 며칠 전까지는 매미들이 힘차게 합주를 하더니 어느새 귀뚜라미가 무대를 넘겨받고 있다. 겨울에는 일출 전 어둠 속에서 총총한 별을 바라보며 나뭇잎에 스치는 바람 소리를 듣는다. 그러다보면 필자 또한 고작해야 대자연의 아주 작은 한 조각에 불과하다는 생각에 젖어든다.

이런 환경을 갖춘 곳이 도산만은 아닐 것이다. 그런데도 다른 곳과 차이 나는 것은 이 길이 500년 전 퇴계 선생이 거닐고 사색하던 길이라는 점이다. 선생은 이곳에서의 사유를 글과 시에 많이 담아두었다. 이런 까닭에 이 길은 그저 그런 길이 아니라, 철학자 퇴계의 삶을 배우는 '길 위의 도산서당'이나 진배없다.

이 산책길에서 선생이 읊은 여러 수의 시가 있다. 그 가운데 〈계상에서 산을 넘어 서당에 이르다步自溪上踰山至書堂〉라는 시는 제목부터 필자의 산책 코스를 정확하게 노래한다.

꽃은 가파른 벼랑에 피어 봄은 고요하고 　　花發巖崖春寂寂
새가 시내 숲에 울어 물은 졸졸 흐르네 　　鳥鳴澗樹水潺潺
우연히 산 뒤에서 제자들을 이끌고 　　　　偶從山後携童冠
한가히 산 앞에 와 은거할 곳을 찾는다 　　閒到山前問考槃

퇴계 선생이 제자들을 데리고 지금의 수련원이 자리 잡은 계상에서 출발해서 산을 넘어 도산서당에 도착해 지은 시이다. 여기에

선비문화수련원에서 도산서원까지 왕복하는 산책길.
퇴계가 거닐고 사색하던 이 길은 필자가 선생의 삶과 철학을 배우는 길 위의
도산서당이다. ⓒ도산서원 선비문화수련원

서 '고반考槃'은 선생의 은거 장소인 도산서당을 말한다. 성리학적
수양의 최고 경지를 보여주는 시라고 일컬어지는 작품이다. 칠언
절구로 지은 시에서 앞의 두 구는 자연의 이치를 담고 있고, 뒤의
두 구는 그 자연과 인간이 하나가 된 상태를 묘사한다. 하늘과 인
간이 하나가 되는 성리학의 천인합일天人合一의 경지라고 할까.

산책길에서 이런 시들을 외다보니 그때마다 선생의 가르침을
곁에 모시고 듣는 듯하다. 우둔하지만 반복하다보면 차츰 더 의미
가 다가오고, 이전보다 마음도 즐거워지고 몸도 가벼워지는 것 같
다. 덕분에 자주 복용하던 소화제, 두통약과 멀어진 지 벌써 여러

해다. 속이 이렇게 되니 겉모습도 조금씩 영향을 받아 지인들에게 그런 고마운 덕담을 듣게 된 듯하다.

이런 은택을 혼자만 누리는 것이 때로는 아쉽다. 스위스의 알프스 산기슭에 사는 목장 주인도 그곳에서 얻는 즐거움을 독점하지 않는다. 알프스 여행을 평생 버킷리스트에 담았다가 다녀온 한국인도 그곳에서의 소중한 추억을 간직하며 남은 생을 더 행복하게 살아가는 모습을 주변에서 보곤 한다.

도산도 마찬가지다. 그래서 비록 필자처럼 늘 이곳에서 지낼 수는 없더라도 기회가 닿는 대로 많은 분들이 동참하기를 희망해본다. 모두 바쁘고 나름대로 정해진 일과가 있을 테지만, 그런 가운데서도 틈을 내어 퇴계 선생의 숨결이 배어있는 '길 위의 도산서당'에 입학해보기를 권한다.

혼자라도 좋고 여럿이 함께라도 좋다. 책을 옆에 끼어도 좋고 그냥이라도 좋다. 선비수련원에 입소해 뜻이 같은 도반들과 같이 걷는다면 더욱 좋을 것이다. 여기에서 배우고 얻은 지혜와 즐거움을 살아가면서 잘 활용한다면 누구든지 더 건강하고 행복한 삶을 살아갈 수 있지 않겠는가? 오늘도 길 위의 도산서당에서 쓰는 작은 글에 이 염원을 담아본다.

필자가 도산서원 선비문화수련원에 몸담은 최근 11년 동안 70만 명 이상의 사람이 선비수련을 이수하였다. 민간에서 이런 성과를 내자면 얼마나 많은 사람들에게서 크고 작은 도움을 받았겠는가? 퇴계 선생의 선비정신이 이 시대를 살아가는 사람들의 인성 함양에 던지는 반향에 대해서는 누구나 고개를 끄덕이지만 많은 사람들의 자발적인 호응과 지원이 없다면 그것을 현실화하는 일은 매우 어려울 수밖에 없다.

타지 사람인 필자에게 퇴계 문중을 비롯한 이 지역 분들이 보내주는 성원은 더욱 남다르다. 요즘 와서는 외지 출향 인사 중에 각별한 관심과 지원을 아끼지 않는 사람들이 늘어나고 있다. 그 가운데 부산에서 중학교 교장선생님으로 있는 퇴계 후손 한 분에게서 얼마 전 연락이 왔다. 부산 시내 다른 중학교 교장으로 전근을

갔다면서 필자에게 학생들을 대상으로 재능 기부 강연을 부탁하는 내용이었다.

부족하지만 그간의 고마움을 다소나마 갚을 수 있다는 생각에서 대상을 물었더니, 60대 방송통신 중학생이란다. 베이비붐 세대로 태어나 가정형편 때문에 초등학교만 마치고 중단했던 학업을 뒤늦게나마 하려는 이들인데, 당시 시대상을 반영하듯 여학생이 남학생보다 3배나 된다고 하였다. 뭉클한 마음에 기꺼이 수락하고 강연 날짜를 그들이 수업 받는 일요일로 정하였다. 그런데 얼마 지나서 다시 전화가 왔다. 기왕 하는 김에 다음 날인 월요일에도 10대 정규 중학생과 40대 학부모에게 강연을 해줄 수 없겠느냐는 말씀이었다. 이틀에 걸쳐, 그것도 대상을 달리하는 강연이라서 쉽지는 않았지만, 그간의 고마움을 생각해서 추가 제안도 수락하였다.

강연을 듣는 이들의 세대 차이가 확연한 만큼 입장과 관심 또한 현격히 다를 것은 자명한 일이었다. 그래서 강연 주제를 차별화하여 진행하였다. 60대 어르신 중학생에게는 '노년의 지혜, 퇴계의 선비정신에서 배운다'로 정하고, 늦은 나이에도 배우는 삶을 크게 격려하였다. 노년에도 배우고 또 배운 것을 앞으로 자신의 삶에서 반드시 실천한다면 주위의 많은 사람에게서 점차 어르신 대접을 받게 된다. 그러면 지금보다 더욱더 행복하게 살아갈 수 있다는 점을 강조하였다. 퇴계를 비롯한 참선비들이, 앎과 삶이 함께 나아가는 지행병진을 매우 중시하였음을 곁들여 소개하였다.

이어 10대 중학생에게는 '성공하기 위해 나는 어떻게 살아갈 것인가'를 주제로 하였다. 100세 장수 시대, 4차 산업혁명 시대를 슬기롭게 살아가기 위해서는 창의성을 기르고 인공지능(AI)과 로봇이 결코 따라올 수 없는 '따뜻한 가슴', '훌륭한 인품'을 가져야 한다는 것이 핵심이었다.

40대 부모에게는 '어떤 부모가 자녀를 훌륭하게 기르는가?'를 주제로 정하였다. 미래의 성공을 중시하는 부모와 당장 하고 싶은 것에 더 애착을 가지는 자녀 사이에는 관심의 차이가 매우 크다. 이것을 잘 인식하고 부모가 먼저 틈을 좁히는 노력을 해야 한다. 공부만 잘하는 아이보다 남을 배려하는 인성을 갖춘 아이가 사회에서 더 크게 성공할 뿐만 아니라 부모에게도 효도를 잘한다. 자녀가 그렇게 자라도록 하는 길은 하나밖에 없다. 부모의 모든 것을 따라 배우는 것이 자녀이므로 부모 스스로 바른 삶을 실천하는 것이 핵심이라는 등의 내용이었다.

이틀에 걸친 강연에 가장 적극적으로 호응한 이들은 60대 어르신 학생이었다. 그분들은 처음부터 의자를 앞으로 당기고 자세를 바로 취하며 노트에 필기도 하였다. 필자도 이런 반응에 점차 이끌려 평소보다 용어 하나, 억양 하나까지 신경 쓰며 이해하기 쉽도록 강연하였고, 도중에 과분하게 여러 차례 박수도 받았다. 선비 정신과 같은 딱딱한 주제를 가지고 박수를 받는 일은 드물기에 필자로서도 오래 기억에 남을 만큼 보람 있는 시간이었다.

그들은 왜 더 진지하고 뜨거운 반응을 보였을까? 배우고자 하는 마음이 달랐기 때문이다. 그들은 배우고 싶어도 배울 수 없었다. 그런 그들에게 배움의 기회가 왔으니 얼마나 듣고 싶고, 쓰고 싶고, 알고 싶었을까? 공부는 학창시절에만 하는 것이 아니다. 나이 들어서도 꾸준히 배우고 제대로 실천할 때 하루하루 더 훌륭하고 존경받는 삶을 살 수 있다.

필자가 도산의 산책길에서 수시로 마주하는 〈도산십이곡〉 시비가 이를 말해준다. 퇴계 선생은 맨 마지막 12번째 시에서 어리석은 우부든 훌륭한 성인이든 누구나 배움에 젖어들면 세월 가는 줄 모른다고 노래했다. 왜 그럴까? 배운 것을 실천하니 모두가 존경을 해주리라. 모두가 진정으로 바라는 삶이 아닌가? 그러니 평생토록 배워야 하지 않겠는가?

퇴계의 가르침이 이 부산의 중학교를 넘어 더 많은 어르신과 젊은이들에게 퍼져나갔으면 한다. 우리 모두가 배우고 실천하여 서로 존경을 주고받는 사람들이 넘치는, 사람 냄새 나는 사회가 앞당겨지기를 염원해본다.

남을 위해 바쁜 노년

"노인이 왜 세상을 떠나는지 아느냐? 심심해서 떠난다."

올해 88세인 퇴계 종손이 10년 전 필자에게 해준 말이다. 젊은 시절 그의 조부께 들은 말이라는데, 아마 자신도 나이 들어가면서 자못 공감하기 때문에 들려준 듯하다. 그런데 조부께서는 왜 이런 이야기를 자손에게 전한 것일까?

종손의 조부는 1970년대 중반에 84세의 나이로 생을 마쳤다. 퇴계 종택은 안동 시내에서도 많이 떨어진 곳에 홀로 자리한 독가촌獨家村이다. 문중 행사나 집안 모임 때면 찾아오는 사람이 많지만, 평소에는 손님 발길이 뜸하고, 혹 찾아오더라도 연세 많은 종손 앞에 그리 오래 머무르지 않는다. 그래서 삶이 적적하고 무료해서는 안 되겠다고 생각한 조부는 《논어論語》를 작은 수첩 크기로 직접 써서 늘 한복 소매에 넣고 다니며 심심함을 풀었다고 한다.

이러한 조부의 모습은 증조부를 닮았다고들 한다. 증조부(13대 종손)는 1950년대 초 6·25전쟁 중에 80세로 고인이 되었다. 당시 로는 장수한 셈이다. 그는 일제강점기에 창씨개명 강요를 온몸을 던져 막았던 강골의 선비였다. 당시 창씨개명한 타성의 학생이 퇴 계 집안 친구에게 어떻게 아직도 옛날 성과 이름을 쓰느냐고 물으 면 "우리는 종손 할배가 있잖냐" 하고 으스대며 대답했다는 이야 기가 전해 내려올 정도로 문중의 항일 분위기를 일구신 분이다.

그런 분이 광복 후 80년 생애의 끝자락은 어떻게 보냈을까? 10 대 중반 어린 나이에 퇴계 종택으로 장가온 증손녀 사위(이용태 옹)는 지금도 "이 서방아, 오늘 나하고 자면서 이야기 한 자락 해봐 라"고 했던 처증조부의 목소리를 기억한다고 한다. 일상의 적적함 도 풀고 자신을 어려워할 수 있는 증손서와 친근한 소통의 시간을 갖기 위한 배려였을 것이다.

동족이 모여 사는 마을과 대가족제도가 상당히 남아 있던 시절 이었지만, 그때도 고령의 종손들은 이렇듯 편하게 벗할 사람이 줄 어 '심심한' 노후를 보냈다. 그러면 동족 마을과 대가족제도가 무 너져 문중 문화가 거의 해체되다시피 한 오늘을 사는 퇴계 종손은 어떠할까? 자신의 증조부나 조부가 살던 환경과 엄청 바뀐 현실을 살아가고 있는데 ….

60대 중반 교직에서 은퇴한 종손은 3년 후 도산서원 선비문화수련원을 설립했다. 인성 바른 사람을 길러내 도덕입국에 작은 힘이나마 보태고자 시작한 것이 어느덧 18년이 흘렀다. 그때부터 종손은 노후의 삶을 아주 바쁘고 즐겁게 보내고 있다. 종손은 수련원을 찾는 수련생들을 늘 사랑과 감사함으로 맞이한다. 초등학생부터 성인에 이르기까지 대상도 다양하고 하루 방문객도 적게는 수십 명에서 많게는 수백 명에 이르지만, 누구에게나 한결같이 배려와 헌신의 자세로 대한다. 이 때문에 수련생들에게는 퇴계 종택에서 종손을 만나 뵙고 이야기 나누는 시간이 단연 최고 인기 프로그램으로 손꼽힌다.

종손은 수련생들이 도착하기 전 마당에서 기다렸다가 맞이하고 실내에 들어가서는 이마가 마루에 닿도록 큰절을 한다. 그러고는 한 시간 가까이 무릎을 꿇은 채 수련생들을 마주하며 도움이 될 만한 이야기를 들려준다. 주로 지역이나 이웃에서 선행을 베풀어 잘된 사람을 소개하거나 읽은 책 중에서 좋은 책을 권하는데, 퇴계 선생이나 조상의 이야기는 입 밖에도 내지 않는다.

그런 다음 마지막으로 두 개의 글귀가 들어있는 편지 봉투를 하나씩 수련생들에게 건넨다. 하나는 10년 전 101세에 돌아가신 부친(15대 종손)께서 100세 때 쓴 160자의 수신십훈修身十訓이다. 인격 수양에 필요한 열 가지 방법이 담긴 좋은 글귀인데 인쇄본을 드려서 송구하다는 말을 꼭 덧붙인다.

남을 위해 바쁜 노년을 보내는 퇴계 종손 이근필 옹.
퇴계 종택에서 종손을 만나 뵙고 이야기를 나누는 시간은 수련생들에게
가장 인기 있는 프로그램이다. ⓒ도산서원 선비문화수련원

그게 미안해서인지, 다른 하나는 자신이 정성껏 손수 쓴 글씨를 '낙서'라며 건넨다. 겸양하지만 종손의 필력은 안동의 4대문 중 하나인 도신문陶信門과 2016년 건립된 한국학중앙연구원 내 전통한옥서원 청계학당淸溪學堂 현판을 쓸 만큼 대단하다. 지금도 매일 평균 100장씩을 쓰고 있다.

수련생들이 종택을 나설 때는 대문 밖에서 일일이 고개 숙이고 악수하며 배웅하는데, 어린 학생들에게는 하이파이브까지 한다. 90세에 가까운 분이 이렇게 하니 남녀노소가 한결같이 종손에게 겸손과 헌신 그리고 존중을 받았다는 감동을 안고 종택을 나선다.

종손은 찾아오는 다양한 계층의 수련생에게 도움이 될 만한 맞

춤식 조언을 균형감 있게 해주기 위해 매일 2개의 신문을 정독하고 전문가의 조언을 받아 연간 수십 권의 신간 서적을 읽는다. 고령에 결코 쉽지 않은 활동이다. 그래서 하루도 빠짐없이 아침저녁 30분씩 두 차례 산책을 하며 건강관리도 한다. 자신보다는 남을 위한 활동이 단지 심심함을 극복하는 것을 넘어 오히려 건강하고 행복하게 만년의 삶까지 이끄는 것이다.

종손의 이런 모습은 교직 정년 후 선비문화수련원에서 지도위원으로 봉사하고 있는 150명 가까운 60대 시니어에게도 20년 후 자신의 미래를 설정하는 데 좋은 본보기가 되고 있다. 심심한 노년을 멀리하고 바쁘게 보내는 종손의 모습을 곁에서 지켜보며 필자도 늘 존경하는 마음을 금할 수 없다.

'노마지지老馬之智'라는 말이 있다. 연륜이 깊으면 나름의 장점과 특기가 있다는 뜻이다. 직업이나 거창한 사회 활동이 있으면 더 좋겠지만, 또 없으면 어떠한가. 세월이 만든 자신만의 힘이 있을 것이다. 그것을 타인, 특히 젊은 세대에게 전하는 일도 좋고, 손자녀를 위한 동화책 읽기처럼 가족을 위해 써도 좋다. 필자 역시 심심하지 않기 위해 더 노력하려 한다. 많은 시니어가 심심한 노년이 아닌 활기 있는 신新노년을 만들어 나가길 응원한다.

낮춤과 섬김,
100세 시대의 가치 있는 삶

세월이 참 빠르다. 헌데 그동안 무엇을 하였나 생각하면 딱히 내세울 만한 것이 쉽게 떠오르지도 않는다. 세월은 이처럼 빨리 지나가는 듯한데, 막상 하루하루 지내기가 일각여삼추一刻如三秋처럼 무료하기 그지없다. 노년으로 갈수록 이러한 현상이 심해진다.

왜 이럴까? 나이가 들면 누구나 닥치는 노년의 4고老人四苦와 깊은 연관이 있다. 수입 감소에 따른 빈고貧苦, 육체적 늙음에서 오는 병고病苦, 할 일이 없어진 데에서 오는 무위고無爲苦, 그리고 이러한 것이 겹쳐서 나타나는 고독고孤獨苦가 그것이다.

우리의 수명은 빠르게 증가하고 있다. 1970년 60세에 불과하였지만 2018년에는 83세로 늘어났다. 2년마다 한 살씩 늘어난 셈이다. 이런 추세면 머지않아 100세 장수 시대가 다가올 것이다. 그런데 직장의 정년은 제자리를 맴돌고 있다. 100세 장수 시대 문제의 핵심은 여기에 있다.

이 문제는 우리 세대가 처음 직면하는 것이다. 과거 우리의 아버지, 할아버지 세대는 평균수명도 짧았을 뿐 아니라 은퇴의 개념도 없이 살았다. 집 근처에서 농사짓고 글 읽다가 나이 들면 손자 재롱 보면서 공경을 받으며 생을 마감했다. 당연히 은퇴란 용어도 없었다.

은퇴라는 용어는 불과 60여 년 전 미국에서 생겨났다. 1950년대 미국인의 평균수명은 65세인데 그 나이에도 직장에서 일하는 사람이 절반이나 되었다. 이러다간 일만 하다가 세상을 떠날 수도 있겠다고 걱정한 노동조합이 앞장서서 55세 내지 60세 정년을 도입했다. 은퇴라는 관념은 이처럼 길게 잡아도 10년 남짓의 여생을 예상하며 탄생한 것이다. 이제는 은퇴 후에도 30~40년을 살아야 한다. 설령 경제적으로 풍요롭다 해도 그 긴 세월을 여행이나 하면서 살 수 있을까? 준비를 해야 한다. 절실한 과제이다.

앞의 4고 가운데 빈고와 병고는 준비하더라도 다소 완화시킬 수는 있을지언정 결국은 닥치는 일이다. 그러나 무위고는 전혀 다르다. 하기에 따라서는 젊은 시절보다 할 일이 있어 즐거운 유위락有爲樂의 삶을 살아갈 수 있다. 이렇게 된다면 돈 걱정도 덜어지고 병치레도 멀어지게 되고 고독을 생각할 겨를도 없어진다.

그렇다면 무엇을 어떻게 해야 유위락의 삶을 살 수 있을까? 두 가지 요건을 갖추어야 한다. 자기도 좋고 즐거운 것이면서, 남들도 좋다고 칭송하는 것이어야 한다. 이와 관련하여 최근 의미 있는 통계결과가 있다. 경제적으로 어느 정도 여유가 있는 이른바 신노년(60~75세)에게 앞으로 하고 싶은 일에 대해 조사를 하였더니 첫째는 자기 취향에 맞는 일이 가장 많이 꼽혔다. 둘째는 사회에 도움 되는 봉사하는 일이었다. 셋째는 적더라도 수입이 있는 일 그리고 넷째는 공기 맑고 여유로운 전원생활이, 다섯째는 평생 공부하면서 살아가는 것이었다.

이러한 소망들의 공통점은 자기가 진정으로 하고 싶은 일을 하는 삶이면서 동시에 옆에서 바라보기에도 아름다운 삶이라는 점이다. 따라서 행복한 노년의 삶을 살기 위해서는 이 부분을 주목할 필요가 있다. 몇 가지 앞서가는 사례를 찾아보자. 필자와 관련된 것이어서 송구하나 가까이에서 직접 지켜보아서 잘 아는 사례라 생각되어 양해를 바라면서 예시한다.

필자가 5년 동안 몸담았던 한국국학진흥원의 '아름다운 이야기 할머니' 사업에 참여하고 있는 60대 전후한 할머니들의 삶이다. 이들은 유치원에 가면 어린 꼬맹이들로부터 인기스타 못지않은 환영을 받는다. 그들이 들려주는 옛이야기를 아이들은 귀를 쫑긋하며 듣는다. 여기에서 할머니들은 황홀한 행복감을 느낀다. 꿈

한국국학진흥원의 이야기 할머니. 유치원생들에게 옛이야기를 들려주며
아름다운 노년의 삶을 살고 있다. ⓒ한국국학진흥원

많던 소녀시절과 어머니로서 자식을 키우면서도 느끼지 못했던
사회적 성취감을 느끼게 되었다고 너무나 즐거워한다. 2009년 대
구·경북지역 30명을 선발하여 이듬해부터 시작한 이야기 할머니
사업은 10년 만에 약 3,000명의 할머니가 전국 9,000개 가까운 유
치원에서 활동하는 사업으로 약진하고 있다. 2018년과 2019년에
선발된 할머니들에게 필자가 몇 차례 강연을 해보았는데 그 전보
다도 더욱 뜨거운 열기를 느꼈다. 이런 열기가 아이들을 이야기에
흠뻑 빠져들게 할 것이다. 그러니 이 사업은 계속 확대 추진될 것
이 확실하고 행복한 이야기 할머니는 더욱더 늘어날 것이다.

또 하나의 예를 들어보자. 도산서원 선비문화수련원에서 활동하고 있는 60대 중후반의 지도위원 할아버지들의 이야기이다. 이들은 대부분 이곳에 오기 전 초·중·고교의 교장이나 교육장까지 지내며 40년간 교육현장을 지키던 분들이다. 이분들은 현직 때와는 사뭇 다르게 어린 수련생에게는 수업지도를 하고, 성인 수련생의 경우는 현장설명을 해주거나 수련진행을 담당한다. 그런데도 너무 열심히 준비하고 참여한다. 자신을 낮추고 상대가 누구든 공손하게 대한다. 그러다보니 수련생들이 좋아하고 잘 따른다.

　바로 이것이 퇴계 선생께서 몸소 실천하셨던 낮춤과 섬김의 바로 그 삶을 차츰 닮아가는 길이 아니겠는가? 수련생들의 반응과 교육효과만 좋아지는 것이 아니라 지도위원 자신들의 삶이 섬김의 코드로 변하고 있다. 이런 변화를 어느 누가 싫다 하겠는가? 가정에서도 배우자와 자녀들이 반긴다고 한다. 이 좋은 일을 더 오래 하기 위해서 더 열심히 하겠다고 입을 모은다. 필자가 선비문화수련원 일을 시작한 2008년 불과 5명에서 이제는 150명에 가까운 전직 교육계 수장들이 행복한 할아버지로 활동하고 있다. 도덕선진사회를 앞당기고 인성 바른 사람을 길러낼 뿐만 아니라 더 많은 행복한 할아버지를 만들기 위해서도 우리가 하고 있는 선비수련 활동이 더욱 활성화되어야겠다.

　이미 100세를 살아가고 있는 이 시대 현자요, 인생의 스승 김형석 교수의 이야기도 같은 맥락이다. 그는 건강활동의 비결을 묻는

선비문화수련원의 지도위원 할아버지.
자신을 낮추고 누구에게나 공손하게 대하며 낮춤과 섬김의 삶을 실천하고 있다.
ⓒ도산서원 선비문화수련원

사람에게 "같은 또래 가운데 일을 제일 많이 하는 것"이라고 답하고 있다. 그분의 일은 많은 사람들에게 감동주고 존경받는 강연과 저술 활동이다. 살아온 지혜와 경륜이 가장 큰 자산이다. 이처럼 노인의 지혜와 경륜을 살려서 다음 세대를 일깨워 주는 것이야말로 100세 시대를 맞이하는 사람들이 가야 할 길이다.

마음 수양이 건강 장수의 큰 길

인간은 누구나 건강하게 오래 살려고 한다. 그래서 새해가 되면 건강에 관한 덕담을 주고받고 새로운 결심으로 운동에 나서곤 한다. 건강 장수는 인간의 오래된 소망이다. 옛날에도 오복의 첫 번째는 장수壽였다. 그러나 그 시절에는 가난, 질병, 전쟁 등의 요인으로 장수의 염원을 실현하기 어려웠다. 선진국도 20세기에 들어서야 수명이 크게 늘어난 것이 이를 보여준다. 우리나라 역시 경제와 의학의 발전 등에 힘입어 2018년 기준으로 평균수명이 83세, 반세기 만에 25살이 늘었다. 이 추세는 앞으로도 상당기간 지속될 터이니, 100세 시대가 코앞에 다가온 것이다. 그런데 오래 살고 싶은 소망이 이루어져간다고 마냥 즐거워만 할 일일까?

사회적으로 노령인구가 이미 전체인구의 15%(768만 명)을 넘어서 고령사회 단계에 접어든 것도 문제지만, 개개인의 입장에서도 평균수명의 연장을 무턱대고 반길 수만은 없다. 평균수명 83세 시대에 벌써 우리나라 노인자살률이 OECD 국가 중에서 가장 높다. OECD 평균보다 8배나 높다.

사정이 이런데도 사람들은 장수를 위한 노력으로 건강에만 점점 더 신경 쓴다. 노년으로 갈수록 정도가 심해 자식과 가족보다 자신의 건강이 먼저라고 여긴다. 인간에게 건강이 중요하고 장수가 최고 바람인 것은 틀림없다. 그러나 가족으로부터 학대 받고 살맛나지 않는 불행한 노년의 문제는 덮어두고 건강에만 몰입하는 세태는 우려스럽다. 진정한 노년 건강은 영양 섭취와 운동으로만 이루어지지 않는다. 무엇보다 노인의 건강을 챙겨주는 주위의 관심이 필수이다.

옛 조상들은 노년에 이르면 스스로 건강을 챙기기보다 자식과 집안에서 먼저 나서서 받들어드렸다. 건강을 위한 노력 역시 영양 섭취와 운동에 주력하는 지금과 달랐다. 값비싼 영양식은 귀했고 일상의 삶이 도보요 등산이니 운동도 따로 할 필요가 없었다. 아니 건강을 위한 행동은 오히려 점잖지 못한 것으로 여겼다. 대신 건강 장수의 비결은 마음을 비우고 너그럽게 살아가는 것이라 믿고 실천했다. 이런 아름다운 노년의 모습이 젊은이에게 존경심을 불러일으켜 자연스럽게 장수를 기원하는 노인 봉양 문화로 이어졌다.

동양의 고전에는 이러한 가르침이 도처에 보인다. 《대학大學》에는 '부는 집안을 윤택하게 하고, 덕은 자신을 윤택하게 하니, 마음이 너그러우면 몸도 편안해진다富潤屋 德潤身 心廣體胖'고 하였다. 너그러운 마음이 신체의 건강을 이끈다는 가르침이다. 성리학을 주자에 앞서 크게 발전시킨 정이程頤(1033~1107)는 귀양에서 돌아와 오히려 기운과 안색이 평소보다 좋아졌다. 그 까닭을 제자들이 물었더니 학문의 힘으로 욕심에 따라가지 않은 것이라고 말했다.

젊은 시절 과도한 독서 때문에 병약했던 퇴계도 채식을 주로 하

퇴계 선생의 건강 비법이 담긴 《활인심방》.
중국 명나라 태조 주원장의 아들 주권(朱權)이 지은 책을 퇴계 선생이 그림을 넣고 재편집하여 평생 심신수련법으로 활용하였다. 마음 수양을 건강 장수의 비결로 강조한다. ⓒ한국국학진흥원 유교문화박물관

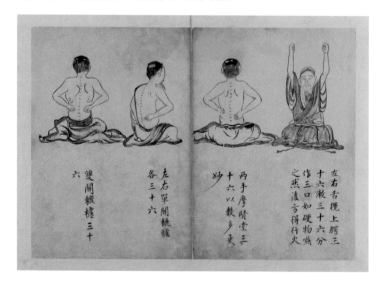

고 별도의 육체적인 운동을 하지 않았다. 그런데도 당시 평균수명보다 두 배나 되는 70세까지 살았다. 그가 즐긴《활인심방活人心方》은 글자 그대로 '사람을 살리는 마음 수양법'이었다. 도산서원 옥진각(유물전시관)에는《활인심방》가운데 중화탕中和湯의 내용이 전시되어 있는데, '간사한 생각을 말 것思無邪'과 '좋은 일을 행할 것行好事' 등 적혀있는 30가지 처방 모두가 물질적인 것이 아니라 정신적인 것이다.

건강 장수는 어르신이 직접 챙기기에 앞서 가족을 비롯한 주위에서 먼저 받들어드려야 한다. 또 그러기 위해서는 어르신이 먼저 아랫사람에게 너그럽게 베푸는 마음가짐德을 앞서 실천해야 한다. 이렇게 할 때 진정한 건강 장수의 소망이 주위의 축복 속에 이루어지리라.

명예로운 이름을 남기는 법   〰〰

얼마 전 필자는 지도층과 공직자들에게 귀감이 되는 소중한 체험을 했다. 전남 나주 혁신도시로 이전한 한국농어촌공사 직원들에게 리더십과 청렴을 주제로 선비정신 강연을 하러 갔다 얻은 것이다. 숙소는 옛 나주목사의 살림집을 고택 체험 공간으로 복원한 금학헌琴鶴軒이었는데, 필자는 1583년부터 1586년까지 나주목사를 지낸 학봉 김성일 선생(1538~1593)을 기념해 '나주목사 학봉 김성일 방'이라 명명된 안방에 묵었다. 건넛방 또한 1610년, 1619년 두 차례 나주목사로 부임한 독송 선생(1570~1623)을 기려 '나주목사 독송 유석증 방'이라는 이름이 붙어 있었다.

고려 초 나주목이 설치된 이후 1천 년 동안 다녀간 390여 명의 목사 가운데 나주 사람들에게 잊지 못할 선정을 베푼 두 분을 특히 기념하고자 그렇게 한 것이다. '김성일 방' 안내문에는 "퇴계 이황

의 학맥을 잇는 유학자이며, 나주목사로서 선정을 베푼 학봉 김성
일의 정신을 기념하기 위한 방. … 송사를 잘 해결하며 억울한 백
성이 없도록 하여 칭송이 자자하였다. … 현명한 김성일 목사 방에
서 머무르는 모든 분들은 삶을 지혜롭게 사는 힘찬 기운을 얻어 출
세가도를 달리게 되실 것이다"고 적혀 있었다. '유석증 방'에도 선
정을 베풀어 사랑과 존경을 받은 유석증 목사를 기념하는 문구가
아름다웠다.

　이튿날 새벽 산책길에는 시내 한복판에 정수루正綏樓라는 이름
의 2층 누각에 큰북이 걸려 있는 것을 보았는데, 거기도 비슷한 안
내문이 있었다. "정수루 큰북은 학봉 김성일이 나주목사로 재임하
면서 … 민정民情이 막힐까 두려워하여 북을 하나 내걸도록 하였
다. '만약 원통한 일을 하소연하고 싶은 자는 반드시 와서 이 북을
쳐라' 하였다. 그러자 백성들이 의견이 있으면 반드시 진달해 일이
막히는 법이 없어 위아래가 서로 화합하니 온 고을 백성들이 크게
기뻐하였다." 이 건물들과 큰북 그리고 안내문은 최근 나주시에서
복원하고 설치한 것이다. 그러나 기록된 내용은 수백 년 동안 나
주 사람들의 가슴속 깊이 새겨져 있는, 그래서 영원히 기억하고 싶
은 훌륭한 목민관에 대한 그리움과 고마움 그리고 존경심 그 자체
였다.

　안동에 돌아와 학봉 종손을 비롯한 문중 분들에게 이 이야기를
전했더니 후손들도 학봉 선생이 나주목사 재임 시 선정을 베풀고

나주목사의 살림집을 고택 체험 공간으로 복원한 금학헌.
'거문고 소리 들으며 학처럼 고고하게 살고자 하는 선비의 지조가 깃든 집'이란 뜻을
지녀 학봉 김성일, 독송 유석증이 베푼 선정을 느끼게 한다. 안채는 ㄷ자형이며
가운데 대청의 좌측 제일 큰 방이 '학봉 김성일 방'이다. ⓒ문화재청

서원을 창설해 백성들의 존경을 받았다는 사실은 일찍이 알고 있었다. 하지만 최근 나주 시민과 행정당국이 건물을 복원하고 재조명한 것은 전혀 몰랐다. 집안에서 요청한 것이 아닐뿐더러 사업주체인 나주시에서는 종손에게 알리지 않고 선양을 한 것이다. 얼마나 아름다운 이야기인가.

조상을 빛내려고 애쓰는 후손들을 많이 보았다. 여유도 생긴 터에 그래야만 자기들 위상이 오른다는 생각에서다. 이에 비춘다면 나주처럼 지역주민이 먼저 나서 오래전 먼 타향에 와서 선정을 베푼 분을 못 잊고 기리는 마음은 정말로 되살려야 할 미담이요, 모범사례다. 끊임없이 터져 나오는 전·현직 고위층의 비리와 부패 사슬을 바라보면서 진정으로 존경받는 리더, 청렴한 지도자를 갈구하고 있는 우리에게 훌륭한 본보기가 아닐 수 없다.

예로부터 "호랑이는 죽으면 가죽을 남기고 사람은 죽으면 이름을 남긴다"고 했다. 그러면 어떤 이름으로 남을 것인가? 옛날에도 그릇된 방식으로 이름을 남기려는 천박한 풍속이 있었다. 산천의 바위에 자기 이름을 새기게 해 자연을 훼손했던 일각의 풍습이 그런 경우다. 또 조선시대 가장 부패했던 19세기에 역설적으로 고을마다 선정비가 요란하게 세워졌으니 낯 뜨거운 행태요, 부끄러운 이름일 뿐이다.

돌에 자신의 이름을 새겨 남기는 것보다 사람들 마음에 새겨 우러름을 받는 것이 진정으로 오래가는 명예임을 역사는 말해준다.
지도층과 공직자의 청렴을 끌어내기 위해 '김영란법'도 시행되고
있지만, 법만으로는 한계가 있고 부작용도 크다. 가장 확실한 길
은 지도층과 공직자부터 자신의 이름이 국민과 후세에 아름답게
새겨질 수 있도록 참선비로 살아가는 것이다.

2019년 5월 중순 유네스코 산하 국제기념물유적협의회(ICOMOS)
가 도산서원을 포함한 한국의 9개 서원을 세계유산으로 등재 권고
하였다. 이에 따라 7월 6일 아제르바이잔의 수도 바쿠에서 개최된
제 43차 세계유산위원회에서 최종 등재가 결정되었다. 유네스코
가 이런 결정을 한 까닭은 조선시대 널리 보편화되었던 유학, 특히
성리학의 대표적인 유적으로서 우리 서원의 '탁월한 보편적 가치'
를 인정하였기 때문이다.

　서원은 선현의 사상을 받들어 선비를 양성하던 사학이다. 이 점
에서 과거시험을 목표로 공부하던 향교나 성균관 등의 관학과는
확연히 구분된다. 건축도 절제된 형태로 지어져 선비들이 그 속에
서 선현들의 삶과 사상을 몸과 마음으로 체험하게 하였다. 이번에
등재 권고된 소수서원(경북 영주), 도산서원(경북 안동), 병산서원

(경북 안동), 옥산서원(경북 경주), 도동서원(대구 달성), 남계서원 (경남 함양), 필암서원(전남 장성), 무성서원(전북 정읍), 돈암서원 (충남 논산) 등 9개 서원은 이러한 가치가 잘 보존·관리되고 있고 국가지정문화재인 사적으로 지정되어 문화유산으로서 가치가 높 다고 인정받았다.

최초의 사액서원인 소수서원. 풍기군수 주세붕이 백운동서원을 세웠다. 훗날 퇴계의 간 청이 받아들여져 사액서원으로 지정되었고 참선비를 길러내는 서원으로서의 기능을 본 격적으로 시작했다. ⓒ소수박물관(위), 문화재청(아래)

우리나라 서원의 효시는 1543년에 풍기군수 주세붕이 세운 백운동서원이다. 성리학을 우리나라에 처음 들여온 안향 선생을 모시기 위해 그의 고향 순흥(당시 풍기 관내)에 세웠다. 초기에는 과거공부에 치중하는 기존의 사설교육장소와 별 차이가 없었는데, 이 서원을 인격수양을 목표로 공부하는 진정한 선비를 길러내는 장소로 정착시킨 사람이 퇴계이다.

퇴계는 백운동서원 건립 후 5년 뒤(1548년)에 풍기군수로 부임하였다. 그는 잇따른 사화로 존경받는 선비가 내몰리던 당시를 말세라고 여기고 이를 극복하기 위해서는 무엇보다 인심이 교화되어야 한다고 생각하였다. 선비를 기르는 서원의 창설이 절실한 과제라고 여겨 이듬해 백운동서원을 사액서원으로 지정해줄 것을 나라에 간청하였다. 이것이 받아들여져 '소수서원紹修書院'이라는 편액(현판)과 함께 토지와 노비, 서책을 하사받았다. 이를 계기로 전국 각지에서 서원 창설이 잇따르게 되는데 퇴계는 이 운동에도 적극 앞장서 명종 재위 22년 동안 건립된 21개 서원 가운데 10개소의 창설에 직간접적으로 참여하였다. 서원의 취지문(기문)과 규칙(원규)의 작성도 그의 몫이었는데, 이후 거의 모든 서원의 표준으로 자리 잡았다.

퇴계의 서원 창설 운동은 훗날 숙종 때 노론계 학자 삼연 김창흡 선생(1653~1722)의 시가 잘 말해주고 있다.

퇴계가 처음 백운동서원 개설하면서	退陶初肇白雲祠
병든 나라 고치고 백성 편안케 함이	醫國安民謂在斯
이에 있다고 했다	

   그 뒤 풍기군수 자리를 내려놓고 고향으로 돌아온 후에는 학문 연마와 함께 직접 후학 양성을 위해 51세에 계상서당을 열었다. 제자들이 늘어 장소가 좁아지자 61세 때 고개 넘어 낙동강변에 도산서당을 지었다. 지금도 보듯이, 한 칸 크기의 방(완락재)과 한 칸 반의 마루(암서헌) 등 모두 합쳐야 3칸 반에 불과한 작은 규모였다. 네모난 연못(정우당)에는 연꽃을 자라게 하고 옆 동산에는 절의의 상징인 소나무, 대나무, 매화, 국화를 심고 벗으로 삼아 절우사를 결성하였다. 낮은 사립문(유정문) 밖까지 나가 제자와 손님을 맞이하고 배웅하니, 찾는 사람 누구나 큰 스승의 응대에 감동하지 않을 수 없었다.

   퇴계가 세상을 떠나고 5년 뒤(1575년) 도산서당 뒤편에 그의 위패를 모신 서원이 세워지고, 그해에 한석봉이 쓴 '도산서원陶山書院'이란 사액이 내려졌다. 도산서원은 퇴계가 생전에 직접 설계하고 거처하며 제자를 길러냈던 도산서당과 사후에 후학들이 조성한 서원 공간이 함께 자리하고 있는 매우 울림이 있는 공간이다.

   도산서원 선비문화수련원에서는 이러한 유서 깊은 공간에 담긴 퇴계의 정신을 수련생들이 직접 보고 느끼게 하는 한편, '도산서원

참알기' 해설 봉사단을 조직하여 도산서원을 찾는 많은 관광객들에게도 그 내용을 널리 알리고 있다. 참다운 인간상을 지닌 착한 사람들을 길러낼 서원의 역할을 소망한 퇴계의 바람이 유네스코 세계유산 등재를 계기로 더욱 널리 펼쳐질 나날이 기대된다.

위대한 유산, 아름다운 유교책판   ∿∿∿

2015년 10월 10일 토요일 새벽, 멀리 아랍에미리트 아부다비로부터 반가운 뉴스가 하나 전해졌다. KBS〈이산가족찾기〉관련 기록과 6만 4,226장의 한국국학진흥원 소장 조선시대 유교책판이 유네스코 세계기록유산으로 등재되었다는 소식이다. 이로써 우리나라는 1997년 훈민정음을 필두로 모두 13건의 세계기록유산을 보유하게 돼 세계 4위(오스트리아, 러시아 공동)의 세계기록유산 보유국에 오르는 쾌거를 이루었다. 개인적으로도 2014년까지 5년 동안 한국국학진흥원장으로 재직하면서 유교책판의 등재준비 과정에 참여했기에 감격이 더 컸다.

〈이산가족찾기〉기록은 비교적 가까운 시기에 있었던 일이라 아직도 기억하는 분들이 많을 것이다. 그러나 유교책판은 이름부터 생소한 감이 있다. 책판^{冊版}은 전통시대 나무판에 글씨를 거꾸

248

로 새긴 후 먹을 묻혀 내용을 찍어냈던 목판 중의 하나로 순전히 책을 찍어낼 용도로 만들어진 것을 가리킨다. 우리에게 잘 알려진 또 다른 세계기록유산인 해인사 팔만대장경이 대표적이다.

그런데 유교책판은 팔만대장경과 몇 가지 점에서 차이가 있다. 우선 팔만대장경은 불교경전인 데 비해 유교책판은 유교와 관련된 내용을 담고 있다. 또 국가가 제작을 주도한 팔만대장경과 달리 유교책판은 민간의 자발적인 관심과 노력의 산물이다. 그리고 팔만대장경이 13세기에 제작된 단일 책판인 반면 유교책판은 15세기부터 20세기 전반까지 약 500년에 걸쳐 만들어졌으며 그 종류 또한 다양하다. 그중에서 조선시대 유학자들의 문집이 대부분을 차지한다. 유교책판은 단순한 인쇄매체의 기능을 넘어 선현의 학문을 후학들에게 전승하는 수단이었다.

문집은 전통시대 지식인들의 저작 모음집을 가리키는데, 그 제작 과정을 들여다보면 엄청난 열과 성에 저절로 옷깃을 여미게 한다. 학덕을 갖추고 평생 올곧은 삶을 사셨던 선현이 돌아가시면 서원이나 문중회의 등의 엄정한 공론 과정을 거쳐 공동체 출판 형태로 문집 발간을 결의한다. 그러면 그분이 평생 쓰셨던 글을 수합해 문집에 실을 글을 결정한 후 일정한 크기의 원고지에 정서正書하여 초고를 마련하는 한편, 적당히 숙성된 판재를 구해 글씨를 새길 판목을 제작한다. 이 작업이 끝나면 각수刻手가 한 자 한 자 정

《퇴계선생문집》과 책판.
퇴계 선생이 세상을 떠난 후 제자들은 스승의 학문적 성과를 하나하나 정리하고,
글씨를 한 자 한 자 나무에 새겼다. 많은 시간과 비용을 들여 방대한 양의 책판을
만든 것은 '사람다움'을 가르쳤던 스승의 정신을 소중히 여겼기 때문이다.
1600년 초간본은 보물 제 1,894호로, 책판은 보물 제 1,895호로 지정되었다.
ⓒ한국국학진흥원

성을 기울여 글자를 새기고, 마지막으로 완성된 내용을 종이에 찍어 책으로 제본한다. 이렇게 만들어진 책은 문집의 저자와 평소 교분이 있던 지인이나 관계된 서원과 문중 등에 기증됐다.

우리나라에서 문집은 이처럼 대부분 기증용 비매품으로 제작됐는데, 이는 판매용이 상대적으로 많았던 중국이나 일본과 대비되는 부분이다. 문집을 판매가 아니라 기증의 대상으로 여겼다는 것은 이에 대한 선조들의 생각이 남달랐음을 의미한다. 문집을 단순히 책으로만 생각한 것이 아니라 선현과 조상의 정신이 담겨 있는 신성한 대상으로 존숭한 것이다.

이는 책판 제작에 투입되는 막대한 비용을 문중이나 지역 공동체가 합심해 기꺼이 감당한 데서도 증명된다. 제본용 종이 값은 그만두고 판각비용만 따지더라도 요즘 시세로 한 장당 200만 원 정도로 책 한 권 만드는 데 1억 원 가량 소요됐다. 이 때문에 퇴계 선생 문집처럼 방대한 문집은 제작비용이 수십억 원대를 넘어가기도 했다. 경제적으로 매우 빈곤했던 당시 상황에서 이는 어마어마한 거금이다.

이처럼 막대한 비용과 시간을 들여가면서 우리 조상들이 책판 제작에 열과 성을 들인 것은 무엇보다도 거기에 담긴 선현의 정신을 소중히 여겼기 때문이다. 단순한 문자가 아니라 가르침이요, 진리라고 생각해 영구 보전, 계승 방법으로 책판을 만든 것이다.

이런 과정을 거쳐 선현과 스승의 가르침을 후손과 후학이 탐구,

전승하는 500년 집단지성集團知性의 역사가 형성되었다. 이를 통해 그들이 구현하고자 한 가치는 '사람다움'을 추구하는 유교적 인륜 공동체人倫共同體였다. 이 점에서 유교책판은 단순한 문화유산이 아니라 우리의 자랑스러운 선비정신이 스며있는 소중한 기록유산이 아닐 수 없다. 이번 세계기록유산 등재를 계기로 그 안에 담긴 선비정신이 새롭게 피어나기를 기대한다.

은악양선의 지혜

사람은 누구나 크든 작든 장점과 단점을 함께 가지고 있다. 위인
도 단점이 전혀 없지 않고, 천하 없는 악인이라도 찾아보면 얼마간
의 장점은 있다. 이처럼 세상일은 그것이 무엇이든 관점에 따라
긍정적인 면과 부정적인 면을 동시에 가지고 있다. 그렇다면 살아
가면서 사람이나 세상사의 단점을 주로 들추어내는 것이 좋은가,
아니면 가급적 장점을 찾아내 칭찬하는 것이 좋은가? 빤한 질문일
수도 있겠지만, 이에 대해 명쾌한 답을 주는 우리 역사상 커다란
족적을 남긴 인물들이 있어 소개하려 한다.

얼마 전 경기도 용인시 처인구 모현읍에 있는 포은圃隱 정몽주鄭
夢周(1337~1392) 선생의 묘소를 답사할 때였다. 묘 앞에 세워진 우
암尤庵 송시열宋時烈(1607~1689) 선생이 쓴 신도비문 가운데 퇴계
이황 선생을 언급한 다음 구절에 눈길이 오래 머물렀다.

옛날에 어떤 사람이 (포은 선생을 두고) 퇴계 선생에게 묻자 대답하기를, '허물이 있는 가운데서도 마땅히 허물이 없는 것을 찾아야 하지, 허물이 없는 데서 허물이 있는 것을 찾아서는 안 된다當於有過中求無過, 不當於無過中求有過'라고 했으니 참으로 지당한 말씀이다.

포은에 대한 퇴계의 평가를 소개하면서 우암 자신은 이를 전적으로 지지한다는 내용이다. 다시 말하면, 퇴계와 우암은 포은에 대해 그가 나라를 위해 보인 충성심과 성리학의 발전에 기여한 공로無過를 높이 받들 뿐이지, 고려 말 우왕과 창왕을 섬긴 그의 처신有過을 문제 삼아서는 안 된다는 데 전적으로 견해를 함께하고 있는 것이다. 두 분의 이러한 견해는 요순堯舜 시대 이래의 오래된 지혜를 잘 대변하는 것이다. 순 임금은 허물은 덮어주고 착한 것은 드러냈기에隱惡而揚善 요 임금으로부터 천자 자리를 물려받았다(《중용中庸》, 6장). '은악양선', 즉 허물은 덮어주고 착함을 드러내는 일은 천자 자리까지 물려줄 정도의 덕목이니 우리가 일상 속에서 실천한다면 무슨 일인들 못 이루겠는가?

그러면 무엇부터 실천해야 할까? 먼저, 착한 것을 드러내는 '양선揚善'부터 실천해보자. 어떻게 할 것인가? 개개인의 선행을 찾아내 되도록 구체적으로 칭찬하는 것이다. 칭찬을 누구에게나 언제나 비슷하게 하거나 건성으로 하면 차라리 아니 하느니만 못할 수 있다. 칭찬은 육하원칙에 따라 분명하게 하는 것이 좋다. 이를테면 "영철이가(누가) 어제 저녁 7시경 퇴근 시간에(언제) 집 현관으로 들어오다(어디서) 방에서 동생의 신음이 들리자(무엇을) 재빨리 업고 나와서 병원 응급실로 데려갔다(어떻게). 그들은 형제간 우애가 남달랐기 때문이다(왜)"처럼 하는 것이다.

이렇게 구체적으로 칭찬하면 여러 가지로 이롭다. 첫째, 여러 사람의 기분이 좋아지고 인간관계가 더욱 돈독해진다. 앞의 예를 가지고 말한다면, 우선 칭찬을 들은 영철이가 매우 기분 좋을 것이고, 영철이가 기뻐하는 모습을 보니 칭찬하는 본인도 즐거워지고, 옆에서 듣는 가족이나 이웃도 흐뭇해할 것이다. 둘째, 우리가 겪고 있는 사회적, 경제적 어려움도 점차 해소될 수 있다. 가정이 화목해지고 회사에서 일이 잘되고 마을에서도 다툼이 현저히 줄어들 것이다. 이렇게 되니 우리가 겪는 사회적 갈등도 줄어들고 사회적 자본, 즉 구성원 간의 신뢰도 되살아나 경제 성장에도 크게 기여하게 될 것이다. 셋째, 개개인에게 미치는 가장 큰 효과로, 건강하게 오래 살게 될 것이다. 오늘날 우리들은 예전보다 스트레스를 훨씬 더 많이 받으며 살아가고 있다. 내가 상대의 단점을 지적하지 않고 장점을 칭찬한다면 다툼으로 인한 스트레스는 자연스럽게 사라질 것이다. 그리고 내가 상대의 장점을 찾으며 칭찬하려 할 때 내 몸에 행복 호르몬 세로토닌이 가득하게 될 것이니, 이처럼 좋은 건강 비법이 어디 있겠는가. 그래서인지 이시형 세로토닌문화 원장은 선비정신을 적극 권장하고 있다.

옛 선비들이 훌륭한 사람聖人이 되기 위해 공부하고 실천했던, 상대와 내가 하나라는 물아일체 정신을 되살리면 좋겠다. 상대와 내가 하나이니, 자연스레 남의 좋은 일은 내가 한 것처럼 여기고見善如己出 남의 안된 일은 내가 병에 걸린 것처럼 여기게見惡如己病 될 것이다. 바로 퇴계 선생이 즐겨 옆에 두었던 송나라 유학자 장사숙의 좌우명 가운데 한 구절이다.

이와 반대로 남의 단점과 흉허물을 들춰낸다면揚惡 어떻게 될까? 지적받은 사람은 당연히 상대를 싫어하며 미워할 것이고, 제3자도 곱지 않게 바라볼 것이다. 그리되면 인간관계도 틀어지고 협조도 잘 되질 않으니 점차 일의 성과도 얻기 어렵고 건강도 스트레스로 인해 악화할 것이 틀림없다. 오늘날 먹고사는 생활수준이 나아졌음에도 우리들 삶이 이전보다 점점 더 외롭고 쓸쓸해지는 까닭은 바로 여기에 있지 않을까. 어떻게 할 것인가? 세상 탓, 남 험담만 할 것인가? 상대를 늘 나무라고 지적만 할 것인가?

길은 하나뿐이다. 나에게서 사람의 향기가 물씬 풍기도록 하는 길밖에 없다. 먼저 자신을 성찰하고 비운 다음, 그 속에 감사한 마음을 채우자. 그리고 말할 때마다 남의 허물은 덮어주며 착한 것은 앞장서서 칭찬하는 은악양선을 실천하자. 이렇게 사는 것이 나와 내 가족, 우리 사회 모두를 살맛나게 하는 가장 훌륭한 삶이다.

난마처럼 얽힌 사회적 갈등을
배려와 공경으로 풀어낸다.

선비처럼

김병일(도산서원 원장, 선비문화수련원 이사장) **지음**

**21세기의 최고경영자가 주목하는 선비와 선비정신!
나아가 청소년 인성교육의 탁월한 대안으로 평가받는
이유는 과연 무엇인가?**

우리가 몰랐던 이야기 혹은 잊었던 이야기인 선비와 선
비정신을 담았다. 저자는 선비와 선비정신이 일제강점기
를 거치며 왜곡된 시선부터 바로잡는다. 한강의 기적으
로 일궈 낸 물질문명의 풍요 속에 감춰졌던 정신문화의
빈곤이 점점 더 큰 사회적 문제로 드러나고 있는 지금, 선
비와 선비정신이 대안이라 역설한다. 지금 이 순간도 이
시대의 행복을 위해 어디선가 선비와 선비정신을 알리는
저자의 이야기에 귀 기울여 보자.

신국판·올컬러 | 420면 | 18,500원